大家小像

大家小像

烟火人生

朱自清 萧红 等 著

中国文史出版社

图书在版编目（CIP）数据

烟火人生 / 朱自清等著 . -- 北京 ：中国文史出版社，2020.12
（大家小像）
ISBN 978-7-5205-2721-7

Ⅰ．①烟… Ⅱ．①朱… Ⅲ．①文化－名人－生平事迹－中国－现代 Ⅳ．① K825.4

中国版本图书馆 CIP 数据核字（2020）第 246390 号

责任编辑：梁玉梅

出版发行：中国文史出版社
社　　址：北京市海淀区西八里庄 69 号院　邮编：100142
电　　话：010-81136606　81136602　81136603（发行部）
传　　真：010-81136655
印　　装：北京新华印刷有限公司
经　　销：全国新华书店
开　　本：16 开
印　　张：18
字　　数：272 千字
版　　次：2021 年 4 月北京第 1 版
印　　次：2021 年 4 月第 1 次印刷
定　　价：55.00 元

目 录

CONTENTS

101 第三章　老舍：生活的滋味

189 第六章　田汉：筚路蓝缕去演戏

第一章
鲁迅：一个安静的老头儿

鲁迅的美学

萧　红*

鲁迅先生的笑声是明朗的，是从心里的欢喜。若有人说了什么可笑的话，鲁迅先生笑得连烟卷都拿不住了，常常是笑得咳嗽起来。

鲁迅先生走路很轻捷，尤其使人记得清楚的，是他刚抓起帽子来往头上一扣，同时左腿就伸出去了，仿佛不顾一切地走去。

鲁迅先生不大注意人的衣裳，他说："谁穿什么衣裳我看不见的……"

鲁迅先生生的病，刚好了一点，他坐在躺椅上，抽着烟，那天我穿着新奇的大红的上衣，很宽的袖子。

鲁迅先生说："这天气闷热起来，这就是梅雨天。"他把他装在象牙烟嘴上的香烟，又用手装得紧一点，往下又说了别的。

许先生忙着家务，跑来跑去，也没有对我的衣裳加以鉴赏。

于是我说："周先生，我的衣裳漂亮不漂亮？"

鲁迅先生从上往下看了一眼："不大漂亮。"

过了一会儿又接着说："你的裙子配的颜色不对，并不是红上衣不好看，

---

* 萧红（1911—1942）：本名张秀环，后改名为张乃莹，笔名萧红，黑龙江哈尔滨人。中国近现代女作家。幼年丧母。1933年以悄吟为笔名发表第一篇小说《弃儿》。1935年在鲁迅的支持下，发表成名作《生死场》。1936年东渡日本，创作散文《孤独的生活》、长篇组诗《砂粒》等。代表作有《呼兰河传》《小城三月》等。

各种颜色都是好看的，红上衣要配红裙子，不然就是黑裙子，咖啡色的就不行了；这两种颜色放在一起很浑浊……你没看到外国人在街上走的吗？绝没有下边穿一件绿裙子，上边穿一件紫上衣，也没有穿一件红裙子而后穿一件白上衣的……”

鲁迅先生就在躺椅上看着我：“你这裙子是咖啡色的，还带格子，颜色浑浊得很，所以把红衣裳也弄得不漂亮了。”

“……人瘦不要穿黑衣裳，人胖不要穿白衣裳；脚长的女人一定要穿黑鞋子，脚短就一定要穿白鞋子；方格子的衣裳胖人不能穿，但比横格子的还好；横格子的胖人穿上，就把胖子更往两边裂着，更横宽了，胖子要穿竖条子的，竖的把人显得长，横的把人显得宽……”

那天鲁迅先生很有兴致，把我一双短统靴子也略略批评一下，说我的短靴是军人穿的，因为靴子的前后都有一条线织的拉手，这拉手据鲁迅先生说是放在裤子边的……

我说：“周先生，为什么那靴子我穿了多久了而不告诉我，怎么现在才想起来呢？现在我不是不穿了吗？我穿的这不是另外的鞋吗？”

“你不穿我才说的，你穿的时候，我一说你该不穿了。”

那天下午要赴一个筵会去，我要许先生给我找一点布条或绸条束一束头发。许先生拿了来米色的绿色的还有桃红色的。经我和许先生共同选定的是米色的。为看取美，把那桃红色的，许先生举起来放在我的头发上，并且许先生很开心地说着：“好看吧！多漂亮！”

我也非常得意，很规矩又顽皮地在等着鲁迅先生往这边看我们。

鲁迅先生这一看，脸是严肃的，他的眼皮往下一放向着我们这边看着：“不要那样装饰她……”

许先生有点窘了。

我也安静下来。

鲁迅先生在北平教书时，从不发脾气，但常常好用这种眼光看人，许先生常跟我讲。她在女师大读书时，周先生在课堂上，一生气就用眼睛往下一掠，看着他们，这种眼光鲁迅先生在记范爱农先生的文字曾自己述说过，而谁曾接触过这种眼光的人就会感到一个旷代的全智者的催逼。

我开始问：“周先生怎么也晓得女人穿衣裳的这些事情呢？”

“看过书的，关于美学的。”

“什么时候看的……”

“大概是在日本读书的时候……”

“买的书吗？”

“不一定是买的，也许是从什么地方抓到就看的……”

“看了有趣味吗？”

“随便看看……”

“周先生看这书做什么？”

“……”没有回答，好像很难以答。

许先生在旁说：“周先生什么书都看的。”

（载于《商市街·回忆鲁迅先生》，萧红著，中国国际广播出版社2014年版，题目为编者加）

鬼也是怕人踢的

萧 红

鬼到底是有的没有的？传说上有人见过，还跟鬼说过话，还有人被鬼在后边追赶过，吊死鬼一见了人就贴在墙上。但没有一个人捉住一个鬼给大家看看。

鲁迅先生讲了他看见过鬼的故事给大家听：“是在绍兴……”鲁迅先生说，“三十年前……”

那时鲁迅先生从日本读书回来，在一个师范学堂里也不知是什么学堂里教书，晚上没有事时，鲁迅先生总是到朋友家去谈天。这朋友住的离学堂几里路，几里路不算远，但必得经过一片坟地。谈天有的时候就谈得晚了，十一二点钟才回学堂的事也常有。有一天鲁迅先生就回去得很晚，天空有很大的月亮。

鲁迅先生向着归路走得很起劲时，往远处一看，远远有一个白影。

鲁迅先生不相信鬼的，在日本留学时是学的医，常常把死人抬来解剖的，鲁迅先生解剖过二十几个，不但不怕鬼，对死人也不怕，所以对坟地也就根本不怕。仍旧是向前走的。

走了不几步，那远处的白影没有了，再看突然又有了。并且时小时大，时高时低，正和鬼一样。鬼不就是变幻无常的吗？

鲁迅先生有点踌躇了，到底向前走呢？还是回过头来走？本来回学堂不止这一条路，这不过是最近的一条就是了。

鲁迅先生仍是向前走，到底要看一看鬼是什么样，虽然那时候也怕了。

鲁迅先生那时从日本回来不久，所以还穿着硬底皮鞋。鲁迅先生决心要给那鬼一个致命的打击，等走到那白影旁边时，那白影缩小了，蹲下了，一声不响地靠住了一个坟堆。

鲁迅先生就用了他的硬皮鞋踢了出去。

那白影噢的一声叫起来，随着就站起来，鲁迅先生定眼看去，他却是个人。

鲁迅先生说在他踢的时候，他是很害怕的，好像若一下不把那东西踢死，自己反而会遭殃的，所以用了全力踢出去。

原来是个盗墓子的人在坟场上半夜做着工作。鲁迅先生说到这里就笑了起来。

“鬼也是怕踢的，踢他一脚就立刻变成人了。”

我想，倘若是鬼常常让鲁迅先生踢踢倒是好的，因为给了他一个做人的机会。

（载于《回忆鲁迅先生》，萧红著，华东师范大学出版社2015年版，题目为编者加）

一九三五年十月一日夜

萧 红

鲁迅先生住的是大陆新村九号。

一进弄堂口，满地铺着大方块的水门汀，院子里不怎样嘈杂，从这院子出入的有时候是外国人，也能够看到外国小孩在院子里零星地玩着。

鲁迅先生隔壁挂着一块大的牌子，上面写着一个“茶”字。

在一九三五年十月一日。

鲁迅先生的客厅里摆着长桌，长桌是黑色的，油漆不十分新鲜，但也并不破旧，桌上没有铺什么桌布，只在长桌的当心摆着一个绿豆青色的花瓶，花瓶里长着几株大叶子的万年青。围着长桌有七八张木椅子。尤其是在夜里，全弄堂一点什么声音也听不到。

那夜，就和鲁迅先生和许先生一道坐在长桌旁边喝茶的。当夜谈了许多关于伪满洲国的事情，从饭后谈起，一直谈到九点钟十点钟而后到十一点钟。时时想退出来，让鲁迅先生好早点休息，因为我看出来鲁迅先生身体不大好，又加上听许先生说过，鲁迅先生伤风了一个多月，刚好了的。

但鲁迅先生并没有疲倦的样子。虽然客厅里也摆着一张可以卧倒的藤椅，我们劝他几次想让他坐在藤椅上休息一下，但是他没有去，仍旧坐在椅子上。并且还上楼一次，去加穿了一件皮袍子。

那夜鲁迅先生到底讲了些什么，现在记不起来了。也许想起来的不是那夜讲的而是以后讲的也说不定。过了十一点，天就落雨了，雨点淅沥淅沥地打在玻璃窗上，窗子没有窗帘，所以偶一回头，就看到玻璃窗上有小水流往下流。夜已深了，并且落了雨，心里十分着急，几次站起来想要走，但是鲁迅先生和许先生一再说再坐一下："十二点以前终归有车子可搭的。"所以一直坐到将近十二点，才穿起雨衣来，打开客厅外边的响着的铁门，鲁迅先生非要送到铁门外不可。我想为什么他一定要送呢？对于这样年轻的客人，这样的送是应该的吗？雨不会打湿了头发，受了寒伤风不又要继续下去吗？站在铁门外边，鲁迅先生说，并且指着隔壁那家写着"茶"字的大牌子："下次来记住这个'茶'字，就是这个'茶'的隔壁。"而且伸出手去，几乎是触到了钉在铁门旁边的那个九号的"九"字，"下次来记住茶的旁边九号"。

于是脚踏着方块的水门汀，走出弄堂来，回过身去往院子里边看了一看，鲁迅先生那一排房子统统是黑洞洞的，若不是告诉得那样清楚，下次来恐怕要记不住的。

（载于《回忆鲁迅先生》，萧红著，长江文艺出版社 2018 年版，题目为编者加）

明朝会

萧 红

海婴每晚临睡时必向爸爸妈妈说："明朝会！"

有一天他站在上三楼去的楼梯口上喊着："爸爸，明朝会！"

鲁迅先生那时正病得沉重，喉咙里边似乎有痰，那回答的声音很小，海婴没有听到，于是他又喊："爸爸，明朝会！"

他等一等，听不到回答的声音，他就大声地连串地喊起来："爸爸，明朝会，爸爸，明朝会……爸爸，明朝会……"

他的保姆在前边往楼上拖他，说是爸爸睡下了，不要喊了。

可是他怎么能够听呢，仍旧喊。

这时鲁迅先生说"明朝会"还没有说出来喉咙里边就像有东西在那里堵塞着，声音无论如何放不大。到后来，鲁迅先生挣扎着把头抬起来才很大声地说出："明朝会，明朝会。"

说完了就咳嗽起来。

许先生被惊动得从楼下跑来了，不住地训斥着海婴。

海婴一边哭着一边上楼去了，嘴里唠叨着："爸爸是个聋人哪！"

鲁迅先生没有听到海婴的话，还在那里咳嗽着。

（载于《回忆鲁迅先生》，萧红著，华东师范大学出版社2015年版，题目为编者加）

鲁迅先生病了

萧 红

1936 年 3 月里鲁迅先生病了，靠在二楼的躺椅上，心脏跳动得比平日厉害，脸色略微灰了一点。

许先生正相反的，脸色是红的，眼睛显得大了，讲话的声音是平静的，态度并没有比平日慌张。在楼下，一走进客厅来许先生就告诉说："周先生病了，气喘……喘得厉害，在楼上靠在躺椅上。"

鲁迅先生呼喘的声音，不用走到他的旁边，一进了卧室就听得到的。鼻子和胡须在扇着，胸部一起一落。眼睛闭着，差不多永久不离开手的纸烟，也放弃了。藤躺椅后边靠着枕头，鲁迅先生的头有些向后，两只手空闲地垂着。眉头仍和平日一样没有聚皱，脸上是平静的，舒展的，似乎并没有任何痛苦加在身上。

"来了吗？"鲁迅先生睁一睁眼睛，"不小心，着了凉……呼吸困难……到藏书的房子去翻一翻书……那房子因为没有人住，特别凉……回来就……"

许先生看周先生说话吃力，赶紧接着说周先生是怎样气喘的。

医生看过了，吃了药，但喘并未停。下午医生又来过，刚刚走。

卧室在黄昏里边一点一点地暗下去，外边起了一点小风，隔院的树被风摇着发响。别人家的窗子有的被风打着发出自动关开的响声，家家的流水道都是哗啦哗啦地响着水声，一定是晚餐之后洗着杯盘的剩水。晚餐后该散步的散步去了，该会朋友的会友去了，弄堂里来去的稀疏不断地走着人，而娘姨们还没有解掉围裙呢，就依着后门彼此搭讪起来。小孩子们三五一伙前门后门地跑着，弄堂外汽车穿来穿去。

鲁迅先生坐在躺椅上，沉静地，不动地阖着眼睛，略微灰了的脸色被炉里的火光染红了一点。纸烟听子蹲在书桌上，盖着盖子，茶杯也蹲在桌子上。

许先生轻轻地在楼梯上走着，许先生一到楼下去，二楼就只剩了鲁迅先生一个人坐在椅子上，呼喘把鲁迅先生的胸部有规律性地抬得高高的。

“鲁迅先生必得休息的。”须藤老医生这样说的。可是鲁迅先生从此不但没有休息，并且脑子里所想的更多了，要做的事情都像非立刻就做不可，校《海上述林》的校样，印珂勒惠支的画，翻译《死魂灵》下部；刚好了，这些就都一起开始了，还计算着出三十年集（即《鲁迅全集》）。

鲁迅先生感到自己的身体不好，就更没有时间注意身体，所以要多作，赶快作。当时大家不解其中的意思，都以为鲁迅先生不加以休息不以为然，后来读了鲁迅先生《死》的那篇文章才了然。

鲁迅先生知道自己的健康不成了，工作的时间没有几年了，死了是不要紧的，只要留给人类更多，鲁迅先生就是这样。

不久书桌上德文字典和日文字典都摆起来了，果戈里的《死魂灵》，又开始翻译了。

鲁迅先生的身体不大好，容易伤风，伤风之后，照常要陪客人，回信，校稿子。所以伤风之后总要拖下去一个月或半个月的。

瞿秋白的《海上述林》校样，1935 年冬，1936 年的春天，鲁迅先生不断地校着，几十万字的校样，要看三遍，而印刷所送校样来总是十页八页的，并不是统统一道地送来，所以鲁迅先生不断地被这校样催索着，鲁迅先生竟说：“看吧，一边陪着你们谈话，一边看校样，眼睛可以看，耳朵可以听……”

有时客人来了，一边说着笑话，鲁迅先生一边放下了笔。有的时候也说：“剩几个字了……请坐一坐……”

1935年冬天许先生说："周先生的身体是不如从前了。"

有一次鲁迅先生到饭馆里去请客，来的时候兴致很好，还记得那次吃了一只烤鸭子，整个的鸭子用大钢叉子叉上来时，大家看这鸭子烤得又油又亮的，鲁迅先生也笑了。

菜刚上满了，鲁迅先生就到竹躺椅上吸一支烟，并且阖一阖眼睛。一吃完了饭，有的喝了酒的，大家都闹乱了起来，彼此抢着苹果，彼此讽刺着玩，说着一些刺人可笑的话。而鲁迅先生这时候，坐在躺椅上，阖着眼睛，很庄严地在沉默着，让拿在手上纸烟的烟丝，袅袅地上升着。

别人以为鲁迅先生也是喝多了酒吧！

许先生说，并不的。

"周先生的身体是不如从前了，吃过了饭总要闭一闭眼睛稍微休息一下，从前一向没有这习惯。"

周先生从椅子上站起来了，大概说他喝多了酒的话让他听到了。

"我不多喝酒的，小的时候，母亲常提到父亲喝了酒，脾气怎样坏，母亲说，长大了不要喝酒，不要像父亲那样子……所以我不多喝的……从来没喝醉过……"

鲁迅先生休息好了，换了一支烟，站起来也去拿苹果吃，可是苹果没有了。鲁迅先生说："我争不过你们了，苹果让你们抢没了。"

有人抢到手的还在保存着的苹果，奉献出来，鲁迅先生没有吃，只在吸烟。1936年春，鲁迅先生的身体不大好，但没有什么病，吃过了夜饭，坐在躺椅上，总要闭一闭眼睛沉静一会。

许先生对我说，周先生在北平时，有时开着玩笑，手按着桌子一跃就能够跃过去，而近年来没有这么做过。大概没有以前那么灵便了。

这话许先生和我是私下讲的，鲁迅先生没有听见，仍靠在躺椅上沉默着呢。

许先生开了火炉的门，装着煤炭哗哗地响，把鲁迅先生震醒了。一讲起话来鲁迅先生的精神又照常一样。

鲁迅先生睡在二楼的床上已经一个多月了，气喘虽然停止，但每天发热，尤其是在下午热度总在三十八度三十九度之间，有时也到三十九度多，那时鲁迅先生的脸是微红的，目力是疲弱的，不吃东西，不大多睡，没有一些呻吟，似乎全身都没有什么痛楚的地方。躺在床上的时候张开眼睛看看，有的时候似睡非睡的安静地躺着，茶吃得很少。差不多一刻也不停地吸烟，而今几乎完全放弃了，纸烟听子不放在床边，而仍很远地蹲在书桌上，若想吸一支，是请许先生付给的。

许先生从鲁迅先生病起，更过度地忙了。按着时间给鲁迅先生吃药，按着时间给鲁迅先生试温度表，试过了之后还要把一张医生发给的表格填好，那表格是一张硬纸，上面画了无数根线，许先生就在这张纸上拿着米度尺画着度数，那表画得和尖尖的小山丘似的，又像尖尖的水晶石，高的低的一排连地站着。许先生虽然每天画，但那像是一条接连不断的线，不过从低处到高处，从高处到低处，这高峰越高越不好，也就是鲁迅先生的热度越高了。

来看鲁迅先生的人，多半都不到楼上来了，为的是请鲁迅先生好好地静养，所以把客人这些事也推到许先生身上来了。还有书、报、信，都要许先生看过，必要的就告诉鲁迅先生，不十分必要的，就先把它放在一处放一放，等鲁迅先生好些了再取出来交给他。然而这家庭里边还有许多琐事，比方年老的娘姨病了，要请两天假；海婴的牙齿脱掉一个要到牙医那里去看过，但是带他去的人没有，又得许先生。海婴在幼稚园里读书，又是买铅笔，买皮球，还有临时出些个花头，跑上楼来了，说要吃什么花生糖，什么牛奶糖，他上楼来是一边跑着一边喊着，许先生连忙拉住了他，拉他下了楼才跟他讲："爸爸病啦。"而后拿出钱来，嘱咐好了娘姨，只买几块糖而不准让他格外的多买。

收电灯费的来了，在楼下一打门，许先生就得赶快往楼下跑，怕的是再多打几下，就要惊醒了鲁迅先生。

海婴最喜欢听讲故事，这也是无限的麻烦，许先生除了陪海婴讲故事之外，还要在长桌上偷一点工夫来看鲁迅先生为着病耽搁下来的尚未校完的校样。

在这期间，许先生比鲁迅先生更要担当一切了。

鲁迅先生吃饭，是在楼上单开一桌，那仅仅是一个方木盘，许先生每餐亲手端到楼上去，那黑油漆的方木盘中摆着三四样小菜，每样都用小吃碟盛着，那小吃碟直径不过二寸，一碟豌豆苗或菠菜或苋菜，把黄花鱼或者鸡之类也放在小碟里端上楼去。若是鸡，那鸡也是全鸡身上最好的一块地方拣下来的肉；若是鱼，也是鱼身上最好一部分，许先生才把它拣下放在小碟里。

许先生用筷子来回地翻着楼下的饭桌上菜碗里的东西，菜要嫩的，不要茎，只要叶，鱼肉之类，拣烧得软的，没有骨头没有刺的。

心里存着无限的期望，无限的要求，用了比祈祷更虔诚的时光，许先生看着她自己手里选得精精致致的菜盘子，而后脚板踩了楼梯上了楼。

希望鲁迅先生多吃一口，多动一动筷，多喝一口鸡汤。鸡汤和牛奶是医生所嘱的，一定要多吃一些的。

把饭送上去，有时许先生陪在旁边，有时走下楼来又做些别的事，半个钟头之后，到楼上去取这盘子。这盘子装得满满的，有时竟照原样一动也没有动又端下来了，这时候许先生的眉头微微地皱了一点。旁边若有什么朋友，许先生就说："周先生的热度高，什么也吃不落，连茶也不愿意吃，人很苦，人很吃力。"

有一天许先生用波浪式的专门切面包的刀切着面包，是在客厅后边方桌上切的，许先生一边切着一边对我说："劝周先生多吃些东西，周先生说，人好了再保养，现在勉强吃也是没用的。"

许先生接着似乎问着我："这也是对的？"

而后把牛奶面包送上楼去了。一碗烧好的鸡汤，从方盘里许先生把它端出来了，就摆在客厅后的方桌上。许先生上楼去了，那碗热的鸡汤在方桌子上自己悠然地冒着热气。

许先生由楼上回来还说呢："周先生平常就不喜欢吃汤之类，在病里，更勉强不下了。"

那已经送上去的牛奶又带下来了。

许先生似乎安慰着自己似的。

“周先生人强，喜欢吃硬的，油炸的，就是吃饭也喜欢吃硬饭……”

许先生楼上楼下地跑，呼吸有些不平静，坐在她旁边，似乎可以听到她心脏的跳动。

鲁迅先生开始独桌吃饭以后，客人多半不上楼来了，经许先生婉言把鲁迅先生健康的经过报告了之后就走了。

鲁迅先生在楼上一天一天地睡下去，睡了许多日子，都寂寞了，有时大概热度低了点就问许先生：“什么人来过吗？”

看鲁迅先生精神好些，就一一地报告过。

有时也问到有什么刊物来吗？

鲁迅先生病了一个多月了。

证明了鲁迅先生是肺病，并且是肋膜炎，须藤老医生每天来了，为鲁迅先生把肋膜积水用打针的方法抽净，共抽过两三次。

这样的病，为什么鲁迅先生一点也不晓得呢？许先生说，周先生有时觉得肋痛了就自己忍着不说，所以连许先生也不知道，鲁迅先生怕别人晓得了又要不放心，又要看医生，医生一定又要说休息。鲁迅先生自己知道做不到的。

福民医院美国医生的检查，说鲁迅先生肺病已经二十年了。这次发了怕是很严重。

医生规定个日子，请鲁迅先生到福民医院去详细检查，要照 X 光的。

但鲁迅先生当时就下楼是下不得的，又过了许多天，鲁迅先生到福民医院去检查病去了。照 X 光后给鲁迅先生照了一个全部的肺部的照片。

这照片取来的那天许先生在楼下给大家看了，右肺的上尖是黑的，中部也黑了一块，左肺的下半部都不大好，而沿着左肺的边边黑了一大圈。

这之后，鲁迅先生的热度仍高，若再这样热度不退，就很难抵抗了。

那查病的美国医生，只查病，而不给药吃，他相信药是没有用的。

须藤老医生，鲁迅先生早就认识，所以每天来，他给鲁迅先生吃了些退热药，还吃停止肺病菌活动的药。他说若肺不再坏下去，就停止在这里，热自然就退了，人是不危险的。

在楼下的客厅里，许先生哭了。许先生手里拿着一团毛线，那是海婴的毛线衣拆了洗过之后又团起来的。

鲁迅先生在无欲望状态中，什么也不吃，什么也不想，睡觉似睡非睡的。

天气热起来了，客厅的门窗都打开着，阳光跳跃在门外的花园里。麻雀来了停在夹竹桃上叫了三两声就飞去，院子里的小孩子们叽叽喳喳地玩耍着，风吹进来好像带着热气，扑到人的身上，天气刚刚发芽的春天，变为夏天了。

楼上老医生和鲁迅先生谈话的声音隐约可以听到。

楼下又来了客人，来的人总要问："周先生好一点吗？"

许先生照常说："还是那样子。"

但今天说了眼泪又流了满脸。一边拿起杯子来给客人倒茶，一边用左手拿着手帕按着鼻子。

客人问："周先生又不大好吗？"

许先生说："没有的，是我心窄。"

过了一会鲁迅先生要找什么东西，喊许先生上楼去，许先生连忙擦着眼睛，想说她不上楼的，但左右看了一看，没有人能代替了她，于是带着她那团还没有缠完的毛线球上楼去了。

楼上坐着老医生，还有两位探望鲁迅先生的客人。许先生一看了他们就自己低了头不好意思地笑了，她不敢到鲁迅先生的面前去，背转着身问鲁迅先生要什么呢，而后又是慌忙地把毛线缕挂在手上缠了起来。

一直到送老医生下楼，许先生都是把背向着鲁迅先生而站着的。

每次老医生走，许先生都是替老医生提着皮提包送到前门外的。许先生愉快地、沉静地带着笑容打开铁门闩，很恭敬地把皮包交给老医生，眼看着老医生走了才进来关了门。

这老医生出入在鲁迅先生的家里，连老娘姨对他都是尊敬的，医生从楼上下来时，娘姨若在楼梯的半道，赶快下来躲开，站到楼梯的旁边。有一天老娘姨端着一个杯子上楼，楼上医生和许先生一道下来了，那老娘姨躲闪不灵，急得把杯里的茶都颠出来了。等医生走过去，已经走出了前门，老娘姨还在那里呆呆地望着。

“周先生好了点吧？”有一天许先生不在家，我问着老娘姨。

她说：“谁晓得，医生天天看过了不声不响地就走了。”

可见老娘姨对医生每天是怀着期望的眼光看着他的。

（载于《回忆鲁迅先生》，萧红著，华东师范大学出版社2015年版，题目为编者加）

哪一年哪一月哪一日

郁达夫 *

和鲁迅第一次的见面，不知是在哪一年哪一月哪一日——我对于时日地点，以及人的姓名之类的记忆力，异常的薄弱，人非要遇见至五六次以上，才能将一个人的名氏和一个人的面貌连合起来，记在心里——但地方却记得是在北平西城的砖塔胡同一间坐南朝北的小四合房子里。

因为记得那一天天气很阴沉，所以一定是在我去北平，入北京大学教书的那一年冬天，时间仿佛是在下午的三四点钟。若说起那一年的大事情来，却又有史可稽了，就是曹锟贿选成功，做大总统的那一个冬天。

去看鲁迅，也不知是为了什么事情。他住的那一间房子，我却记得很清楚，是在那两座砖塔的东北面，正当胡同正中的地方，一个三四丈宽的小院子，院子里长着三四棵枣树。大门朝北，而住屋——三间上房——却朝正南，是杭州人所说的倒骑龙式的房子。

那时候，鲁迅还在教育部里当佥事，同时也在北京大学里教小说史略。我们谈的话，已经记不起来了，但只记得谈了些北大的教员中间的闲话，和

---

* 郁达夫（1896—1945），原名郁文，字达夫，浙江富阳人，中国现代作家、革命烈士。他是新文学团体创造社的发起人之一，一位为抗日救国而殉难的爱国主义作家。在文学创作的同时，他还积极参加各种反帝抗日组织，先后在上海、武汉、福州等地从事抗日救国宣传活动，代表作有《沉沦》《故都的秋》《春风沉醉的晚上》《过去》《迟桂花》等。

学生的习气之类。

他的脸色很青，胡子是那时候已经有了；衣服穿得很单薄，而身材又矮小，所以看起来像是一个和他的年龄不大相称的样子。

他的绍兴口音，比一般绍兴人所发的来得柔和，笑声非常之清脆，而笑时眼角上的几条小皱纹，却很是可爱。

房间里的陈设，简单得很；散置在桌上、书橱上的书籍，也并不多，但却十分的整洁。桌上没有洋墨水和钢笔，只有一方砚瓦，上面盖着一个红木的盖子。笔筒是没有的，水池却像一个小古董，大约是从头发胡同的小市上买来的无疑。

他送我出门的时候，天色已经晚了，北风吹得很大；门口临别的时候，他不晓说了一句什么笑话，我记得一个人在走回寓舍来的路上，因回忆着他的那一句，满面还带着了笑容。

同一个来访我的学生，谈起了鲁迅。他说："鲁迅虽在冬天，也不穿棉裤，是抑制性欲的意思。他和他的旧式的夫人是不要好的。"因此，我就想起了那天去访问他时，来开门的那一位清秀的中年妇人，她人亦矮小，缠足梳头，完全是一个典型的绍兴太太。

（选自《回忆鲁迅》，载于《知己！知己：文人笔下的友情》，《闲情偶拾》编辑组编，中国文史出版社 2020 年版，题目为编者加）

周氏兄弟反目

郁达夫

数年前，鲁迅在上海，我和映霞去北戴河避暑回到了北平的时候，映霞曾因好奇之故，硬逼我上鲁迅自己造的那一所西城象鼻胡同后面西三条的小房子里，去看过这中年的妇人。她现在还和鲁迅的老母住在那里，但不知她们在强暴的邻人管制下的生活也过得惯不？

那时候，我住在阜成门内巡捕厅胡同的老宅里。时常来往的，是住在东城禄米仓的张凤举、徐耀辰两位，以及沈尹默、沈兼士、沈士远的三昆仲；不时也常和周作人氏、钱玄同氏、胡适之氏、马幼渔氏等相遇，或在北大的休息室里，或在公共宴会的席上。这些同事们，都是鲁迅的崇拜者，而对于鲁迅的古怪脾气，都当作一件似乎是历史上的轶事在谈论。

在我与鲁迅相见不久之后，周氏兄弟反目的消息，从禄米仓的张、徐二位那里听到了。原因很复杂，而旁人终于也不明白是究竟为了什么。

但终鲁迅的一生，他与周作人氏，竟没有和解的机会。

本来，鲁迅和周作人氏哥儿俩，是住在八道湾的那一所大房子里的。这一所大房子，系鲁迅在几年前，将他们绍兴的祖屋卖了，与周作人在八道湾买的；买了之后，加以修缮，他们兄弟和老太太就统在那里住了。

俄国的那位盲诗人爱罗先珂寄住的，也就是这一所八道湾的房子。

后来，鲁迅和周作人氏闹了，所以他就搬了出来，所住的，大约就是砖塔胡同的那一间小四合了。所以，我见到他的时候，正在他们的口角之后不久的期间。

据风举他们的判断，以为他们兄弟间的不睦，完全是两人的误解。

周作人氏的那位日本夫人，甚至说鲁迅对她有失敬之处。但鲁迅有时候对我说："我对启明，总老规劝他的，教他用钱应该节省一点，我们不得不想想将来，但他对于经济，总是进一个化（花）一个的，尤其是他那一位夫人。"从这些地方，会合起来，大约他们反目的真因，也可以猜度到一二成了。不过凡是认识鲁迅，认识启明及他的夫人的人，都晓得他们三个人，完全是好人；鲁迅虽则也痛骂过正人君子，但据我所知的他们三人来说，则只有他们才是真正的正人君子。现在颇有些人，说周作人已做了汉奸，但我却始终仍是怀疑。所以，全国文艺作者协会致周作人的那一封公开信，最后的决定，也是由我改削过的；我总以为周作人先生，与那些甘心卖国的人，是不能作一样的看法的。

这时候的教育部，薪水只发到二成三成，公事是大家不办的，所以，鲁迅很有工夫教书，编讲义，写文章。他的短文，大抵是由孙伏园氏拿去，在《晨报副刊》上发表；教书是除北大外，还兼任着师大。

有一次，在鲁迅那里闲坐，接到了一个来催开会的通知，我问他忙么？他说，忙倒也不忙，但是同唱戏的一样，每天总得到处去扮一扮。

上讲台的时候，就得扮教授，到教育部去，也非得扮官不可。他说虽则这样的说，但做到无论什么事情时，却总肯负完全的责任。

至于说到唱戏呢，在北平虽则住了那么久，可是他终于没有爱听京戏的癖性。他对于唱戏听戏的经验，始终只限于绍兴的社戏、高腔、乱弹、目连戏等，最多也只听到了徽班。阿Q所唱的那句"手执钢鞭将你打"，就是乱弹班《龙虎斗》里的句子，是赵玄坛唱的。

对于目连戏，他却有特别的嗜好，他有好几次同我说，这戏里的穿插，实在有许许多多的幽默味。他曾经举出不少的实例，说到一个借了鞋袜靴子去赴宴会的人，到了人来向他索还，只剩一件大衫在身上的时候，这一位老兄就装作肚皮痛，以两手按着腹部，口叫着我肚皮痛杀哉，将身体伏矮了些，于是长衫就盖到了脚部以遮掩过去的一段，他还照样地做出来给我们看过。说这一段话时，我记得《月夜》的著者，川岛兄也在座上，我们曾经大笑过的。

后来在上海，我有一次谈到了予倩、田汉诸君想改良京剧，来作宣传的话，他根本就不赞成，并且很幽默地说，以京剧来宣传救国，那就是："我们救国啊啊啊啊了，这行么？"

孙伏园氏在晨报社，为了鲁迅的一篇挖苦人的恋爱的诗，与刘勉己氏闹反（翻）了脸。鲁迅的学生李小峰就与伏园联合起来，出了《语丝》。投稿者除上述的诸位之外，还有林语堂氏，在国外的刘半农氏，以及徐旭生氏等。但是周氏兄弟，却是《语丝》的中心。而每次语丝社中人叙会吃饭的时候，鲁迅总不出席，因为不愿与周作人氏遇到的缘故。

因此，在这一两年中，鲁迅在社交界，始终没有露一露脸。无论什么人请客，他总不肯出席；他自己哩，除了和一二人去小吃之外，也绝对的不大规模（或正式）地请客。这脾气，直到他去厦门大学以后，才稍稍改变了些。

（选自《回忆鲁迅》，载于《知己！知己：文人笔下的友情》，《闲情偶拾》编辑组编，中国文史出版社2020年版，题目为编者加）

鲁迅和景宋女士

郁达夫

鲁迅和景宋女士（许广平）的认识，是当他在北京（那时北平还叫作北京）女师大教书的中间，前后经过，《两地书》里已经记载得很详细，此地可以不必说。但他和许女士的进一步的接近，是在“三一八”惨案之前，章士钊做教育总长，使刘百昭去用了老妈子军以暴力解散女师大的时候。

鲁迅是向来喜欢打抱不平的，看了章士钊的横行不法，又兼自己还是这学校的讲师，所以，当教育部下令解散女师大的时候，他就和许季茀、沈兼士、马幼渔等一道起来反对。当时的鲁迅，还是教育部的佥事，故而总长的章士钊也就下令将他撤职。为此，他一面向行政院控告章士钊，提起行政诉讼，一面就在《语丝》上攻击《现代评论》的为虎作伥，尤以对陈源（通伯）教授为最烈。

《现代评论》的一批干部，都是英国留学生；而其中像周鲠生、皮宗石、王世杰等，却是两湖人。他们和章士钊，在同到过英国的一点上，在同是湖南人的一点上，都不得不帮教育部的忙。鲁迅因而攻击绅士态度，攻击《现代评论》的受贿赂，这一时候他的杂文，怕是他一生之中，最含热意的妙笔。在这一个压迫和反抗，正义和暴力的争斗之中，他与许女士便有了更进一步的认识机会。

在这前后，我和他见面的次数并不多，因为我已经离开了北平，上武昌师范大学文科去教书了，可是这一年（民国13年）暑假回北京，看见他的时候，他正在做控告章士钊的状子，而女师大为校长杨荫榆的问题，也正是闹得最厉害的期间。当他告诉我完了这事情的经过之后，他仍旧不改他的幽默态度说："人家说我在打落水狗，但我却以为在打枪伤老虎，在扮演周处或武松。"

这句话真说得我高笑了起来。可是他和景宋女士的认识，以及有什么来往，我却还一点儿也不曾晓得。

直到两年之后，他因和林文庆博士闹意见，从厦门大学回上海的那一年暑假，我上旅馆去看他，谈到了中午，就约他及景宋女士与在座的许钦文去吃饭。在吃完饭后，茶房端上咖啡来时，鲁迅却很热情地向正在搅咖啡杯的许女士看了一眼，又用诫告亲属似的热情的口气，对许女士说："密斯许，你胃不行，咖啡还是不吃的好，吃些生果罢！"

在这一个极微细的告诫里，我才第一次看出了他和许女士中间的爱情。

从此之后，鲁迅就在上海住下了，是在闸北去窦乐安路不远的景云里内一所三楼朝南的洋式弄堂房子里。他住在二层的前楼，许女士是住在三楼的。他们两人间的关系，外人还是一点儿也没有晓得。

有一次，林语堂——当时他住在愚园路，和我静安寺路的寓居很近——和我去看鲁迅，谈了半天出来，林语堂忽然问我："鲁迅和许女士，究竟是怎么回事，有没有什么关系的？"

我只笑着摇摇头，回问他说："你和他们在厦大同过这么久的事，难道还不晓得么？我可真看不出什么来。"

说起林语堂，实在是一位天性纯厚的真正英美式的绅士，他决不疑心人有意说出的不关紧要的谎。我只举一个例出来，就可以看出他的本性。当他在美国向他的夫人求爱的时候，他第一次捧呈了她一册克莱克夫人著的小说《模范绅士约翰·哈里法克斯》；但第二次他忘记了，又捧呈了她以这册 *John Halifax Gentleman*。这是林夫人亲口对我说的话，当然是不会错的。

从这一点上看来，就可以看出语堂真是如何地忠厚老实的一位模范绅士。他的提倡幽默，挖苦绅士态度，我们都在说，这些都是从他的 Inferiority Complex（不及错觉）心理出发的。

语堂自从那一回经我说过鲁迅和许女士中间大约并没有什么关系之后，一直到海婴（鲁迅的儿子）将要生下来的时候，才兹恍然大悟。我对他说破了，他满脸泛着好好先生的微笑说："你这个人真坏！"

鲁迅的烟瘾，一向是很大的，在北京的时候，他吸的总是哈德门牌的拾枝装包。当他在人前吸烟的时候，他总探手进他那件灰布棉袄的袋里去摸出一枝来吸；他似乎不喜欢将烟包先拿出来，然后再从烟包里抽出一枝，而再将烟包塞回袋里去。他这脾气，一直到了上海，仍没有改过，不晓是为了怕麻烦的原因呢，抑或为了怕人家看见他所吸的烟，是什么牌。

他对于烟酒等刺激品，一向是不十分讲究的；对于酒，也是同烟一样。他的量虽则并不大，但却老爱喝一点。在北平的时候，我曾和他在东安市场的一家小羊肉铺里喝过白干；到了上海之后，所喝的，大抵是黄酒了。但五加皮，白玫瑰，他也喝；啤酒，白兰地他也喝，不过总喝得不多。

爱护他，关心他的健康无微不至的景宋女士，有一次问我："周先生平常喜欢喝一点酒，还是给他喝什么酒好？"我当然答以黄酒第一。但景宋女士却说，他喝黄酒时，老要量喝得很多，所以近来她在给他喝五加皮。并且说，因为五加皮酒性太烈，她所以老把瓶塞在平时拔开，好教消散一点酒气，变得淡些。

在这些地方，本可看出景宋女士的一心为鲁迅牺牲的伟大精神来，仔细一想，真要教人感激得下眼泪的，但我当时却笑了，笑她的太没有对于酒的知识。当然她原也晓得酒精成分多少的科学常识，可是爱人爱得过分时，常识也往往会被热挚的真情掩蔽下去。我于讲完了量与质的问题，讲完了酒精成分的比较问题之后，就劝她，以后，顶好是给周先生以好的陈黄酒喝，否则，还是喝啤酒。

这一段谈话过后不久，忽而有一天，鲁迅送了我两瓶十多年陈的绍兴黄酒，说是一位绍兴同乡，带出来送他的。我这才放了心，相信以后他总不再喝五加皮等烈酒了。

（选自《回忆鲁迅》，载于《知己！知己：文人笔下的友情》，《闲情偶拾》编辑组编，中国文史出版社 2020 年版，题目为编者加）

所谓怪者，无非书生本色

孙伏园

鲁迅先生居家生活非常简单，衣食住几乎全是学生时代的生活。他虽然做官十几年，教书十几年，对于一般人往往无法避免的无聊娱乐，如赌博，如旧戏，如妓院，他从未沾染丝毫。教育部的同人都知道他是怪人，而且知道所谓怪者无非书生本色，所以大家尊敬他。他平常只穿旧布衣，像一个普通大学生。西服的裤子总是单的，就是在北平的大冷天，鲁迅先生也永远穿着这样的单裤。

一天我听周老太太说，鲁迅先生的裤子还是三十年前留学时代的，已经补过多少回，她实在看不过去了，所以叫周太太做了一条棉裤，等鲁迅先生上衙门的时候，偷偷地放在他的床上，希望他不留神能换上，万不料竟被他扔出来了。老太太认为我的话有时还能邀老师的信任，所以让我劝劝他。

鲁迅先生给我的答话却是不平庸的："一个独身的生活，绝不能常往安逸方面着想的。岂但我不穿棉裤而已，你看我的棉裤，也是多少年没有换的老棉花，我不愿意换。你再看我的铺板，我从来不愿意换藤绷或棕绷，我也从来不愿意换厚褥子。生活太安逸了，工作就被生活所累了。"这是的确的，鲁迅先生的房中只有床铺、网篮、衣箱、书案这几样东西。万一什么时候要出走，他只要把铺盖一卷，网篮或衣箱任取一样，就是登程的旅客了，他永远在奋斗的途中，从来不梦想什么较为安适的生活。他虽然处在家庭中，过的生活却完全是一个独身者。

鲁迅先生的北平寓所是他自己经管的。有一位教育部的同事李老先生最帮忙，在房屋将要完工的时候，我同鲁迅先生去看，李老先生还在那儿监工，他对我客气到使我觉察他太有礼貌了。我非常局促不安。鲁迅先生对他说："李先生不要太客气了，他还是我的学生。"李老先生的态度这才自然得多了。鲁迅先生自己待朋友，和朋友待他，大抵是如此义侠的。他把友敌分得非常清楚，他常常注意到某人是 Spy，某人是 Traitor，一个没干过革命工作的或只是寻常知识社会或商业社会的人是不大会了解的，他们只了解酒食征逐的或点头招手的相好。而鲁迅先生的朋友大抵是古道热肠的。他后来同我说："你看李先生这种人真是好朋友，帮我那么多日子的忙，连茶水都不喝我一口的。"

李先生替鲁迅先生的北房之后接出一间房子去，用玻璃窗，近乎书室，作为鲁迅先生的写作场所。鲁迅先生和我便到这间房子中坐下。鲁迅先生说："我将来便住在这个老虎尾巴里。"因为这间房子是在全房屋的后面拖出一条去，颇像老虎之有尾巴；一直到鲁迅先生离开北平，一切写作及起居，都在这老虎尾巴之中。老虎尾巴的北面还有后园，自然是因为老虎尾巴而缩小多多了。散文诗《秋夜》的开头便说："在我的后园，可以看见墙外有两株树，一株是枣树，还有一株也是枣树。"这似乎便是鲁迅先生坐在老虎尾巴中的创作的第一篇。

（选自《哭鲁迅先生》，摘自《藤野先生 沈从文先生在西南联大》，鲁迅、汪曾祺等著，人民文学出版社 2017 年版，题目为编者加）

永在的温情

郑振铎

十月十九日下午五点钟，我在一家编译所一位朋友的桌上，偶然拿起了一份刚送来的Evening Post，被这样的一个标题“中国的高尔基今晨五时去世”惊骇得一跳。连忙读了下来，这惊骇变成了事实：果然是鲁迅先生去世了！

这消息像闷雷似的，当头打了下来，呆坐在那里不言不动。

谁想得到这可怕的噩耗竟这样地突然地来呢？

鲁迅先生病得很久了；间歇的发着热，但热度并不甚高。一年以来，始终不曾好好地恢复过；但也从不曾好好地休息过。半年以来，情形尤显得不好。缠绵在病榻上者总有三四个月。朋友们都劝他转地疗养。他自己也有此意。前一个月，听说他要到日本去。但茅盾告诉我，双十节那一天还遇见他在Isis看Dobrovsky；中国木刻画展览会，他也曾去参观。总以为他是渐渐地复原了，能够出来走走了。谁又想得到这可怕的噩耗竟这样突然地来呢？

刚在前几天，他还有信给我，说起一部书出版的事；还附带地说，想早日看见《十竹斋笺谱》的刻成。我还没有来得及写回信。

谁想得到这可怕的噩耗竟这样地突然地来呢？

我一夜不曾好好地安心地睡。

第二天赶到万国殡仪馆，站在他遗像的面前，久久地走不开。再一看，他的遗体正在像下，在鲜花的包围里。面貌还是那末清癯而带些严肃，但双眼却永远地闭上了！

我要哭出来，大声地哭，但我那时竟流不出眼泪，泪水为悲戚所灼干了。我站在那里，久久地走不开。我竟不相信，他竟是那样突然地便离我们而远远地向不可知的所在而去了。

但他的友谊的温情却是永在的，永在我的心上，——也永在他的一切友人的心上，我相信。

初和他见面时，总以为他是严肃的冷酷的。他的瘦削的脸上轻易不见笑容。他的谈吐迟缓而有力。渐渐地谈下去，在那里面你便可以发见其可爱的真挚，热情的鼓励与亲切的友谊。他虽不笑，他的话却能引你笑。和他的兄弟启明先生一样，他是最可谈，最能谈的朋友，你可以坐在他客厅里，他那间书室（兼卧室）里，坐上半天，不觉得一点拘束，一点不舒服。什么话都谈，但他的话头却总是那末有力，他的见解往往总是那末正确。你有什么怀疑，不安，由于他的几句话也许便可以解决你的问题，鼓起你的勇气。

失去了这样的一位温情的朋友，就个人讲，将是怎样的一个损失呢？

他最勤于写作，也最鼓励人写作。他会不惮其烦地几天几夜地在替一位不认识的青年，或一位不深交的朋友，改削创作，校正译稿。其仔细和小心远过于一位私塾的教师。

他曾和我说起一件事：有一位不相识的青年寄一篇稿子来请求他改。他仔仔细细地改了寄回去。那青年却写信来骂他一顿，说被改涂得太多了。第二次又寄一篇稿子来，他又替他改了寄回去。这一次的回信，却责备他改得太少。

“现在做事真难极了！”他慨叹地说道。对于人的不易对付，和做事之难，他这几年来时时地深切地感到。

但他并不灰心，仍然地在做着吃力不讨好的改削创作，校正译稿的事，挣扎着病躯，深夜里，仔仔细细地为不相识的青年或不深交的朋友在工作。

这样的温情的指导者和朋友，一旦失去了，将怎样地令人感到不可补赎之痛呢?

他所最恨的是那些专说风凉话而不肯切实的做事的人。会批评，但不工作；会讥嘲，但不动手；会傲慢自夸，但永远拿不出东西来。像那样的人物，他是不客气地要摈之门外，永不相往来的。所谓无诗的诗人，不写文章的文人，他都深诛痛恶地在责骂。

他常感到“工作”的来不及做，特别是在最近一二年，凡做一件事，都总要快快地做。

“迟了恐怕要来不及了。”这句话他常在说。

那样的清楚的心境，我们都是同样地深切地感到的。想不到他自己真的便是那末快地便逝去，还留下要做的许多事没有来得及做——但，后死者却要继续他的事业下去的!

我和他第一次的相见是在同爱罗先珂到北平去的时候。

他着了一件黑色的夹外套，戴着黑色呢帽，陪着爱罗先珂到女师大的大礼堂里去。我们匆匆地谈了几句话。因为自己不久便回到南边来，在北平竟不曾再见一次面。

后来，他自己说，他那件黑色的夹外套，到如今还有时着在身上。

我编《小说月报》的时候，曾不时地通信向他要些稿子。除了说起稿子的事，别的话也没有什么。

最早使我笼罩在他温热的友情之下的，是一次讨论到“三言”问题的信。

我在上海研究中国小说，完全像盲人骑瞎马，乱闯乱摸，一点凭藉都没有，只是节省着日用，以浅浅的薪入购书。而即以所购入之零零落落的破书，作为研究的资源。那时候实在贫乏得，肤浅得可笑，偶尔得到一部原版的《隋唐演义》却以为是了不得的奇遇，至于“三言”之类的书，却是连梦魂里也不曾读到。

他的《中国小说史略》的出版，减少了许多我在暗中摸索之苦。我有一次写信问他《醒世恒言》《警世通言》及《喻世明言》的事，他的回信很快地便来了，附来的是他抄录的一张《醒世恒言》的全目。——这张目录我至今还保全在我的一部《中国小说史略》里，他说，《喻世》《警世》，他也没有见到。《醒世恒言》他只有半部，但有一位朋友那里藏有全书。所以他便借了来，抄下目录寄给我。

当时，我对于这个有力的帮助，说不出应该怎样的感激才好。这目录供给了我好几次的应用。

后来，我很想看看《西湖二集》（那部书在上海是永远不会见到的），又写信问他有没有此书。不料随了回信同时递到的却是一包厚厚的包裹。打开了看时，却足半部明末版的《西湖二集》，附有全图。我那时实在眼光小得可怜，几曾见过几部明版附插图的平话集？见了这《西湖二集》为之狂喜！而他的信道，他现在不弄中国小说，这书留在手边无用，送了给我吧。这贵重的礼物，从一个只见一面的不深交的朋友那里来，这感动是至今跃跃在心头的。

我生平从没有意外的获得。我的所藏的书，一部部都是很辛苦地设法购得的；购书的钱，都是中夜灯下疾书的所得或减衣缩食的所余。一部部书都可看出我自己的夏日的汗，冬夜的凄栗，有红丝的睡眼，右手执笔处的指端的硬茧和酸痛的右臂。但只有这一集可宝贵的书，乃是我书库里唯一的友情的赠与。——只有这一部书！

现存这部《西湖二集》也还堆在我最宝爱的几十部明版书的中间，看了它便要泫然泪下。这可爱的直率的真挚的友情，这不意中的难得的帮助，如今是不能再有了！

但我心头的温情是永在的！——这温情也永在他的一切友人的心上，我相信。

“九一八”以后，他到过北平一趟，得到青年人最大的热烈的欢迎。但过了几天，便悄悄地走了。他原是去探望他母亲的病去的。我竟来不及去看他。

但那一年寒假的时候，我回到上海，到他寓所时，他便和我谈起在北平的所获。

“木刻画如今是末路了，但还保存在笺纸上。不过，也难说，保全得不会久。”他深思地说道。

他搬出不少的彩色笺纸来给我看，都是在北平时所购得的。

“要有人把一家家南纸店所出的笺纸，搜罗了一下，用好纸刷印个几十部，作为笺谱，倒是一件好事。”他说道。

过了一会，他又道：“这要住在北平的人方能做事。我在这里不能做这事。”

我心里很跃动，正想说：“那末，我来做吧。”而他慢吞吞地续说道：“你倒可以做，要是费些工作，倒可以做。”

我立刻便将这责任担负了下来，但说明搜辑而得的笺纸，由他负选择之责。我相信他的选择要比我高明得多。

以后，我一包一包地将购得的笺样送到上海，经他选择后，再一包一包的寄回。

中间，我曾因事把这工作停顿了二三个月。他来信说：“这事我们得赶快做，否则，要来不及做，或轮不到我们做。”

在他的督促和鼓励之下，那六巨册的美丽的《北平笺谱》方才得以告成。

有一次，我到上海来，带回了亡友王孝慈先生所藏的《十竹斋笺谱》四册，顺便地送到他家里给他看。

这部谱，刻得极精致，是明末版画里最高的收获。但刻成的年月是崇祯十六年的夏天。所以流传得极少。

“这部书似也不妨翻刻一下，”我提议道；那时，我为《北平笺谱》的成功所鼓励，勇气有余。

“好的，好的。不过要赶快做！”他道。

想不到全部要翻刻，工程浩大无比，所耗也不赀，几乎不是我们的力量所及。第一册已出版了。第二册也刻好待印；而鲁迅先生却等不及见到第三册以下的刻成了！

对于美好的东西，似乎他都喜爱。我曾经有过一个意思，要集合六朝造像及墓志的花纹刻为一书，但他早已注意及此了。他告诉我说，他所藏的六朝造像的拓本也不少，如今还在陆续地买。

他是最能分别得出美与丑，永远的不朽与急就的草率的。

除了以朽腐为神奇，而沾沾自喜，向青年们施以毒害的宣传之外，他对于古代的遗产，决不歧视，反而抱着过分的喜爱。

他曾经告诉过我，他并不反对袁中郎；中郎是十分方巾气的，这在他文集里便可见。他所厌弃，所斥责的乃是只见中郎的一面，而恣意鼓吹着的人物。

京平刚从鲁迅先生那里得到最大的鼓励。他感激得几乎哭出来。但想不到鲁迅竟这样地突然地过去了！

第三天，我在万国殡仪馆门口遇见他；他的嘴唇在颤动，眼圈在红。

从万国公墓归来后，他给我一封信道："我心已经分裂。我从到达公墓时，就失去了约束自己的力量，一直到墓石封合了！我竟痛哭失声。先生，这是我平生第一痛苦的事了。他匆匆地瞥了我一眼，就去了——"

但他并没有去。他的温情永在我的心头——也永在他的一切友人的心上，我相信。

（载于 1936 年 11 月 1 日《文学》7 卷第 5 期）

鲁迅翁杂忆

夏丏尊 *

我认识鲁迅翁，还在他没有鲁迅的笔名以前。我和他在杭州两级师范学校相识，晨夕相共者好几年，时候是前清宣统年间。那时他名叫周树人，字豫才，学校里大家叫他周先生。

那时两级师范学校有许多功课是聘用日本人为教师的，教师所编的讲义要人翻译一遍，上课的时候也要有人在旁边翻译。我和周先生在那里所担任的就是这翻译的职务。我担任教育学科方面的翻译，周先生担任生物学科方面的翻译。此时，他还兼任着几点钟的生理卫生的教课。

翻译的职务是劳苦而且难以表现自己的，除了用文字语言传达他人的意思以外，并无任何可以显出才能的地方。周先生在学校里却很受学生尊敬，他所译的讲义就很被人称赞。那时白话文尚未流行，古文的风气尚盛，周先生对于古文的造诣，在当时出版不久的《域外小说集》里已经显出。以那样的精美的文字来译动物植物的讲义，在现在看来似乎是浪费，可是在三十年

* 夏丏尊（1886—1946），名铸，号闷庵。文学家、语文学家、出版家和翻译家。浙江绍兴人。自幼从塾师读经书，清光绪二十七年（1901 年）考中秀才。光绪三十一年（1905 年）借款东渡日本留学。回国后毕生致力于教育文化事业发展。20 世纪 30 年代，他作为开明书店总编辑，创办了《中学生》杂志，以先进的文化思想、丰富的科学知识教育中学生，在语文教学方面下力尤深，在文化界、教育界和出版界有口皆碑。

前重视文章的时代，是很受欢迎的。

周先生教生理卫生，曾有一次答应了学生的要求，加讲生殖系统。这事在今日学校里似乎也成问题，何况在三十年以前的前清时代。全校师生们都为惊讶，他却坦然地去教了。他只对学生提出一个条件，就是在他讲的时候不许笑。他曾向我们说："在这些时候不许笑是个重要条件。因为讲的人的态度是严肃的，如果有人笑，严肃的空气就破坏了。"大家都佩服他的卓见。据说那回教授的情形果然很好。别班的学生因为没有听到，纷纷向他来讨油印讲义看，他指着剩余的油印讲义对他们说："恐防你们看不懂的，要么，就拿去。"原来他的讲义写得很简，而且还故意用着许多古语，用"也"字表示女阴，用"了"字表示男阴，用"幺"字表示精子，诸如此类，在无文字学素养未曾亲听过讲的人看来，好比一部天书了。这是当时的一段珍闻。

周先生那时虽尚年轻，风采和晚年所见者差不多。衣服是向不讲究的，一件廉价的羽纱——当年叫洋官纱——长衫，从端午前就着起，一直要着到重阳。一年之中，足足有半年看见他着洋官纱，这洋官纱在我记忆里很深。民国 15 年初秋他从北京到厦门教书去，路过上海，上海的朋友们请他吃饭，他着的依旧是洋官纱。我对了这二十年不见的老朋友，握手以后，不禁提出"洋官纱"的话来。"依旧是洋官纱吗？"我笑说。"呃，还是洋官纱！"他苦笑着回答我。

周先生的吸卷烟是那时已有名的。据我所知，他平日吸的都是廉价卷烟，这几年来，我在内山书店时常碰到他，见他所吸的总是金牌、品海牌一类的卷烟。他在杭州的时候，所吸的记得是强盗牌。那时他晚上总睡得很迟，强盗牌香烟、条头糕，这两件是他每夜必需的粮。服侍他的斋夫叫陈福。陈福对于他的任务，有一件就是每晚摇寝铃以前替他买好强盗牌香烟和条头糕。我每夜到他那里去闲谈，到摇寝铃的时候，总见陈福拿进强盗牌和条头糕来，星期六的夜里备得更富足。

周先生每夜看书，是同事中最会熬夜的一个。他那时不做小说，文学书是喜欢读的。我那时初读小说，读的以日本人的东西为多，他赠了我一部

《域外小说集》，使我眼界为之一广。我在二十岁以前也曾读过西洋小说的译本，如小仲马、狄更斯诸家的作品，都是从林琴南的译本读到过的。《域外小说集》里所收的是比较近代的作品，而且都是短篇，翻译的态度、文章的风格，都和我以前所读过的不同。这在我是一种新鲜味。自此以后，我于读日本人的东西以外，又搜罗了许多日本人所译的欧美作品来读，知道的方面比较多起来了。他从五四以来，在文字上、思想上，大大地尽过启蒙的努力。我可以说在三十年前就受他启蒙的一个人，至少在小说的阅读方面。

周先生曾学过医学。当时一般人对于医学的见解，还没有现在的明了，尤其关于尸体解剖等类的话，是很新奇的。闲谈的时候，常有人提到这尸体解剖的题目，请他讲讲“海外奇谈”。他都一一说给他们听。据他说，他曾经解剖过不少的尸体，有老年的、壮年的，男的、女的。依他的经验，最初也曾感到不安，后来就不觉得什么了，不过对于青年的妇人和小孩的尸体，当开始去破坏的时候，常会感到一种可怜不忍的心情。尤其是小孩的尸体，更觉得不好下手，非鼓起了勇气，拿不起解剖刀，我曾在这些谈话上领略到他的人间味。

周先生很严肃，平时是不大露笑容的，他的笑必在诙谐的时候。他对于官吏似乎特别憎恶，常模拟官场的习气，引人发笑。现在大家知道的“今天天气……哈哈”一类的模拟谐谑，那时从他口头已常听到。他在学校里是一个幽默者。

（载于《夏丏尊散文集》，夏丏尊著，北方文艺出版社 2019 年版）

鲁迅与曹聚仁

周国伟 *

1985年冬，为抢救活史料，编辑、出版《高山仰止——鲁迅逝世50周年纪念集》，笔者与史伯英先生，曾赴浙江地区访问鲁迅生前好友。在访问期间，获悉曹聚仁先生的前妻王春翠女士住在浙江萧山时，我们特去拜访。王女士虽已高龄，面容清癯，但精神矍铄，记忆清晰，侃侃而谈，详细回忆了鲁迅与曹聚仁的交往与友情，仿佛那些情形仍印在老人的脑海中。

王女士向我们谈了一个多小时，其中印象最深刻的是鲁迅两次赴金神父路（现名瑞金二路）花园坊107号曹聚仁寓所拜访。这是他（她）们从真如移居上海的当年，据《鲁迅日记》记载，约是1933年9月。这次由曹聚仁与王春翠共同署名邀请鲁迅与海婴去其寓所的，鲁迅回函答应了。但在去的那天，因海婴身体不适，仅去鲁迅一人。王女士说，鲁迅与他们一家人的谈话，虽是日常生活琐事，但大家谈得很亲热。在吃饭时，有一种浦江乡间喜欢吃的“小麦铃”点心。鲁迅也爱吃，还边吃边问“小麦铃”是怎样制作的，王女士作了详细介绍。鲁迅吃了满满一小碗，还称赞说：“好吃，好吃，这次吃得太饱了，下次还要来吃‘小麦铃’。”说到这里，鲁迅又指着王春翠问曹聚仁：“曹先生，你家保姆为什么不叫她太太，而称王先生？”曹聚仁说：“是她自己不愿别人叫太太的。”于是，鲁迅就接着说：“那么，我也应称呼你王

---

* 周国伟，1931年生，江苏无锡人。研究馆员。1961年调入上海鲁迅纪念馆，负责文物、陈列和研究工作。出版《鲁迅在上海的足迹》（与人合作）、《鲁迅著译版本研究编目》等专著。

先生了。”王女士连忙说：“不敢当，请你唤我名字吧。”鲁迅点点头说：“噢，你是位新女性。”

鲁迅第二次去曹聚仁寓所，据《鲁迅日记》，是1934年9月。王女士谈了鲁迅为她的集子题名《竹叶集》的情形。鲁迅到了曹寓后，曹说：“周先生，近年来春翠为《涛声》《芒种》《申报》《妇女杂志》等刊物写过二十来篇文章，我们想编个集子，请先生审阅修改。”王女士急忙把文章拿来请鲁迅指教、斧正，并“赏个书名”。鲁迅却幽默地说：“斧正？不敢当。家有鲁班，何必再请木匠？”当鲁迅阅完文集的部分内容后，连声说：“好，有点气魄。《竹叶颂》这篇文章刚劲有致。”接着又爽快地说：“定个书名，看来老夫在劫难逃了。依我之见，就定为《竹叶集》吧！”鲁迅语音刚落，王春翠和曹聚仁都高兴地拍手赞同，并向鲁迅道谢。

此外，王女士还谈了鲁迅逝世时，徐懋庸内心的复杂心情。那时，徐懋庸住在曹聚仁家的楼上，因为“两个口号”以及“左联”内部的一些纠纷，徐和鲁迅有所隔阂。徐得悉鲁迅逝世的消息，心绪紊乱，十分沉痛，当场写了一副挽联，第二天托王春翠带去殡仪馆。王女士还说：“徐懋庸流的泪不比我们少，他的心情是十分复杂的。”

（选自《缅怀鲁迅友人曹聚仁》，载于《回忆曹聚仁》，上海市政协文史资料委员会、上海鲁迅纪念馆编，中国文史出版社2018年版，题目为编者加）

第二章
朱自清：我是大时代中一名小卒

童年：家境一天不如一天

陈竹隐[*]

朱自清字佩弦，原籍浙江绍兴，生于1898年11月22日。原名朱自华，号实秋，名字含有“春华秋实”之意。由于三代人定居扬州，所以自称“扬州人”。他的祖父为人谨慎，在江苏东海做了十多年的承审官。父亲朱鸿钧，字小坡，母亲周氏。当时都随祖父在东海任所。佩弦出生于东海，由于两兄幼殇，他就成了长子长孙，备受家庭宠爱，小时在耳上还佩戴着金质的钟形耳环。他们兄妹共四人。佩弦幼年在家由父母启蒙课读，后在私塾读经书、古文、诗词等。由于他聪明好学，所以很快就学通了国文，又在旅扬公学学了英文。他从江苏省立第八中学毕业时，还得到了品学兼优的奖状。在校时，他非常喜欢文学，立志做文学家。1916年，他考入了北京大学预科。次年寒假，他回扬州，遵父母之命与扬州名医武威三先生的女儿武钟谦结婚。

佩弦的祖父母去世后，家境便一天不如一天，经济上很拮据。父亲虽然做着官，但一直廉洁自守，没有积蓄，所以给祖母办丧事都要借钱。佩弦20岁时，看到家里的经济状况，觉得按部就班地读书是有困难的，于是决定跳班投考北京大学本科，并改名朱自清，字佩弦。1918年，他考入了哲学系。

---

* 陈竹隐（1904—1990），四川成都人，朱自清第二任妻子。毕业于北平艺术学院，为齐白石、溥西园弟子，善书画，善度曲。1932年与朱自清在上海结婚，婚后育有二子一女。曾在清华大学图书馆工作，任清华大学工会副主席、北京市政协委员。

这时，他们家中常常借钱供孩子们读书。一直到佩弦毕业做事了，家里还欠着几千元的债，都是后来一点点还的。这样的景况使佩弦对穷苦人的生活有体会，并富有强烈的同情心。

（选自《忆佩弦》，载于《新文学史料》1978 年第 1 期，题目为编者加）

我们的恋爱是倾心相待

陈竹隐

我与佩弦的相识是在1931年。那时，因为我常到浦熙元老师那儿去参加“曲会”。老师看到我一天天长大了，北京也没亲人，便很关心我的婚事。他就与当时清华大学中文系导师叶公超谈起我，并请他帮忙。这一年4月的一天，浦老师带我们几个女同学到一个馆子去吃饭，安排了我与佩弦的见面。陪坐的还有两位清华大学教授。那天佩弦穿一件米黄色的绸大褂，他身材不高，白白的脸上戴着一副眼镜，显得挺文雅正派，但脚上却穿着一双老式的“双梁鞋”，又显得有些土气。席间我们很少讲话。

回到宿舍，我的同学廖书筠就笑着说：“哎呀，穿一双‘双梁鞋’，土气得很，要我才不要呢！”当时我却不以为然。我认为在那纷乱的旧社会，一个女子要想保持自己的人格尊严，建立一个和睦幸福的家庭并不容易，我不仰慕俊美的外表、华丽的服饰，更不追求金钱及生活的享受，我要找一个朴实、正派、可靠的人。为这我曾坚决拒绝了一个气味不投而家中很有钱的人的追求。佩弦是个做学问的人，他写的文章我读过一些，我很喜欢。他的诗歌与散文所表现的深沉细腻的感情，所描绘的一幅幅恬静、色彩柔和的画面，以及那甜美的语言，都使我很受感动，我很敬佩他，以后他给我来信，我也回信，于是我们便交往了。

那时我正住在中南海，佩弦常常进城来看我，我们共同游览瀛台、居仁堂、怀仁堂；有时共同漫步在波光潋滟的中南海边，有时清晨去钓鱼。一次我居然钓到一条半尺长的鱼，还请佩弦喝了鱼汤。佩弦是个不苟言笑、做文章非常认真的人，他常常把他的文章读给我听，有时为了一个字仔细推敲，征求我的意见。我逐渐体味到他写文章真是严谨认真呀！一次佩弦拿来一篇清华学生考试的词句古奥的文章让我读，我还真读准了句读呢。我心里很得意，佩弦也很高兴。我们的恋爱生活没有卿卿我我的缠绵，但都是倾心相待。佩弦话虽不多，却使我感到诚恳，实实在在地关心我。

当我知道佩弦在扬州老家还有六个孩子的时候，心里也有过矛盾和斗争。我那时才 24 岁，一下子要成为六个孩子的妈妈，真不可想象！一时我很苦恼。要好的朋友劝我说："佩弦是个正派人，文章又写得好，就是交个朋友也是有益的。"是的，我与他的感情已经很深了。像他这样一个专心做学问又很有才华的人，应该有个人帮助他，和他在一起会和睦与幸福的。而六个孩子又怎么办呢？想到六个失去母爱的孩子多么不幸而又可怜！谁来照顾他们呢？我怎能嫌弃这无辜的孩子们呢？于是我觉得做些牺牲是值得的。1931 年我便与佩弦订婚了。

一个月后，佩弦便到欧洲去游学了，他要去考察欧洲的文学、戏剧、诗歌，以便更好地提倡新文学。在国外，他仍很关心国家的事情，尤其是九一八事变后，他终日忧心忡忡，在给我的信中一再写到他自己焦虑的心情。他听到有人说中国没希望了就很愤慨。他认为中国只是政府不行，只要有好的政府，让有能力的人秉政，中国就会好起来。

1932 年 7 月，佩弦由威尼斯回国，我到上海去接他。那时的北京人结婚流行坐花车，穿披纱礼服，礼节很多，而上海比较开明，于是我们就决定在上海结婚。我们用当时上海最新式的简便方法举行了结婚典礼；事先发个结婚帖子。8 月 4 日那天，请了文艺界的一些人士，我记得有茅盾、叶圣陶、丰子恺等人，在一个广东饭馆聚会了一次。饭罢，我与佩弦便回到了旅馆。我们没有那罗曼谛克的浪漫史，我们就是这样朴素而又真诚地相爱并结婚了。

佩弦是个非常勤奋的人。我们度蜜月时，他带着旅途回来的疲倦，就开始了紧张的写作生活。为了他能安安静静地写，我们特意住在普陀一个小寺院里。此后，我们共同生活的 17 年的时间里，佩弦从没放松过一分一秒。他的作息时间安排得很严格，早晨起床做早操，冷水擦澡、洗脸，漱口时就把书放在洗脸架上看，然后喝一杯牛奶就到图书馆去。中午回家吃饭，饭后看报。图书馆一开门便又去了。吃罢晚饭，还要去图书馆，直到闭馆才回家。进家门便又摆上东西写，一直到 11 点休息。除了生病，我从未见他 11 点前睡过。我常劝他中午休息一会儿，他也不听。他一辈子吃饭都是大口大口地很快地吃，生怕耽误时间。时间对他比什么都宝贵，正如他自己所写的："燕子去了，有再来的时候；杨柳枯了，有再青的时候；桃花谢了，有再开的时候。但是，聪明的，你告诉我，我们的日子为什么一去不复返呢？"他真是抓紧匆匆来去的分分秒秒读呀，写呀！连我们每天说话的时间都很少。刚结婚的时候我觉得有些苦恼，但渐渐看到他对事业的热爱，看到他不断发表作品，想到他对学生、对文学的贡献，常常为他的精神所感动，我想我应该支持他，我也要为他事业的成功付出代价，所以我便把家务事都承担起来，让佩弦更好地去研究学问。

婚后，我们回扬州去看望了父母孩子，佩弦对扬州很有感情，那里的一山一水他都热爱，尤其留恋扬州的瘦西湖。他曾带我和孩子一起逛瘦西湖、平山堂。那天佩弦很高兴，津津有味地给我们介绍湖山及各处的风景，说得那么生动，使人觉得真像是在诗画中一样。看到他那么高的趣致，我不禁笑着说："我看过一篇叫《桨声灯影里的秦淮河》的文章，把那儿写得那么美，其实不过是一汪臭水。真是文人哪，死人都说得活！"佩弦说："喂！不要当面骂人呀！"我们都开心地笑了。佩弦对扬州的一切都感到亲切。连扬州的饭食都非常喜爱，尤喜扬州的荤菜"狮子头"。在扬州，我还与佩弦一起到他前妻的坟上扫墓。我感到佩弦的感情是那么深沉、那么炽热。他是一个很富于感情的人。

返回清华大学后，我们住在北院 9 号。那时清华大学规定教授太太不能在清华工作，主要是禁止家属参与学校的事，我便想去城里教书。但是当时由于教育经费都被挪用了，各个学校都发不出薪水，女子文理学院倒还发些钱，但我挣的钱连应酬都不够，无奈只好不工作了。

（选自《忆佩弦》，载于《新文学史料》1978年第1期，题目为编者加）

孩子，孩子

陈竹隐

婚后第二年，我们便把两个孩子从扬州接到北京来了。对孩子的教育问题便成为家庭中的一件大事。事先佩弦便与我商量好，对孩子的教育双方取齐，就是有不同的看法也不要当着孩子说，要事后再商量。这一条约束使我们避免了一些矛盾，并使家庭一直很和睦。

两个孩子都是在城里读书，住在学校，在生活上不搞特殊，在思想品德上鼓励他们进步。女儿本来在教会学校读书，因为参加反对成立“冀察政务委员会”的游行，被学校不挂牌除名了。当校方把我和佩弦找去时，我们未责孩子就将她转学了。记得抗战胜利回北平后，我们的一个孩子在中学念书。一个好心朋友对我说：“这孩子在学校活动得很，思想太左，你要注意管管他，现在太危险啊！”佩弦知道后对我说：“左，左才是中国的出路，是青年人的出路！这样乌七八糟的政府，不叫孩子左，难道还叫孩子右吗？”孩子做得对我们就支持，在家里我们一直是鼓励孩子前进的。

那时我们的生活很俭朴。佩弦的收入要寄一半给扬州，我们留用一半。所以每逢给孩子们交学费时，都要借一个月的薪水。佩弦待人很宽厚，每次让当差发信时，如里边有他的私人信件，都要给当差一些钱。他对人也很谦和，平时在路上遇到清华的工友他都打招呼。工友帮他做了什么事，他都很客气地说：“劳驾！谢谢！”他认为一个人有志持志，有力持力，用脑用体，各有贡献，没有一点教授的架子。所以清华的老工友都说："朱先生可好啦！"他在家里与孩子们相处也没有尊长的架子，有时让孩子倒杯水都说："劳驾！"后来还是我讲："让孩子们做事不要这样说，显得都没有父子感情了。"这样他才慢慢改了。

（选自《忆佩弦》，载于《新文学史料》1978 年第 1 期，题目为编者加）

昆明半年

朱物华 *

1939 年上半年，大哥朱自清和我在昆明西南联合大学文、理两学院教书。大哥住在昆明城西青云街一座大楼上，我寄寓在楼口厢房里。大哥好客，每逢课后或假日，常有客人来往。这些客人中有的我认识，如闻一多、李继侗、浦江清、潘光旦等教授；也有的不认识，只知道他们大多在西南联大、云大或昆明一些中等学校任教。这些客人都很健谈，客堂里宾主融洽，谈笑风生，从学术探讨到国内外形势，想到什么就谈什么，彼此肝胆相照，毫无拘束。客堂在高楼内室，距街道较远，不必有泄密的顾虑。我记得他们经常关心、讨论的问题，是呼吁“立即停止内战，共同抗日”，这充分反映了国难时期高级知识分子和全国人民共同的心声。

1939 年下半年敌机空袭昆明，9 月间大哥全家移居北郊龙堰村。上课时，大哥从乡间赶进城来，上好两三天课再回乡下。他进城后，和李继侗、邵循正两位教授同住一室。我有时去看他，那间房屋不大，是旧式建筑，光线较差，托我在房内多装两只电灯。屋内陈设简陋，都是从学校搬来的旧家具。

* 朱物华（1902—1998），又名佩韦，朱自清二弟，江苏扬州人。我国电子学科和水声学科奠基人，中国科学院院士。1919 年中学毕业后，同时报考了南京高等师范学校和上海交通大学，皆被录取。其父主张进师范，早日毕业挣钱养家。但他的兴趣在理工科。其兄朱自清认为兴趣是学习的推动力，表示愿意节缩开支，支持弟弟上学。于是他进入交通大学电机系学习。1920 年 8 月赴美留学，获麻省理工学院电机系硕士学位。1924 年考入哈佛大学，两年后获博士学位。1926 年，在英国期间到剑桥大学著名物理学家 E. 卢瑟福的实验室学习离子、电子及离子辐射理论。回国后先后在北京大学、西南联大、交通大学、哈尔滨工业大学等大学执教，1979 年任上海交通大学校长。他一生科研硕果累累，且桃李满天下，邓稼先、杨振宁等皆为其学生。

若逢天雨，他那件从乡下披着赶进城的旧毡衣就挂在房外狭弄堂的壁上。每到吃饭时，他就到食堂随便买点饭菜，吃了仍回室内继续工作。看样子生活够艰苦了，但他毫不介意，还是翻阅典籍，专心备课，工作认真，一丝不苟，有时还抽暇写点文章。我想，古书上说："富贵不能淫，贫贱不能移。"这两句话用来描绘大哥，是再恰当没有了！

（选自《昆明生活半年间》，载于《荷塘边的不朽背影：回忆朱自清》，江苏省政协文史资料委员会、扬州市政协文史资料委员会编，中国文史出版社2019年版，题目为编者加）

给鲁迅贺年

朱国华 *

我家原是绍兴人氏，母亲周姓，与鲁迅同族。外祖父周明甫是有名的刑名师爷，曾在清朝以功受勋。周、朱两姓门户相当，常有联姻，均为当地大族，鲁迅的原配夫人朱安也是我家的远亲。

20 世纪 20 年代中期的一年冬天，自清大哥回扬州度寒假。除夕之夜，家里上上下下忙着准备春联、蒸制年糕，好不热闹，直到敲过二更，我们兄弟才到母亲房中请安。娘有点倦了，见我们进来，愣了一下，才缓缓地说："老家已有几年没有音信了，新年里你俩能代我去绍兴看看吗？"我抢着回答："娘，您怎么不早说，咱们明天一早就上舅舅家去，您放心吧。""好吧，还有周先生处，也要一起去贺个年。""这……"我支支吾吾地退了出来。

周先生处就是鲁迅和夫人朱安那里。早就听说鲁迅和太太是"鸡犬之声相闻，老死不相往来"。周树人不满意他母亲包办的这桩婚事，因此与夫人形同陌路，朱安和他仅仅是名义上的夫妻而已。因为朱安毕竟是我们朱氏家族的人，受此冷落，我心里总有点不平。不提也罢，眼下母亲却偏偏要我们去拜谒周府，我心中是一百个不愿意，但是又不忍违拗母亲之命，于是，我灵机一动，假装头痛，让自清大哥一个人去了绍兴。

---

* 朱国华，1907 年生，朱自清三弟，江苏扬州人。毕业于厦门大学法律系，曾任无锡地方检察官。

大哥到绍兴探望舅舅、舅母以后，就去周府拜年。他在门口递上名帖，其家人接过，大声呼喊：“舅少爷来了，舅少爷来了！”并引他来到书房，见到了鲁迅先生。大哥向他请安并问了夫人好，接着两人就很自然地谈了一些文学方面的问题，记得自清说，那次他们谈论了散文和散文诗，周先生博闻强记，引据论证尤其精辟，且平易近人，不摆大学者的架子……

后来，我坦白了“装病”的事，大哥只意味深长地说了一句：“周先生和朱安女士一样，同样是封建婚姻的受害者呀。”语气之中，充满了对鲁迅先生的深深同情和理解。当时，我很年轻，对大哥的话语不置可否，对这件事也渐渐淡忘了。

1929 年，武钟谦大嫂因病去世，大哥悲痛欲绝，写下悼文《给亡妇》，寄托对亡妻的一腔深情。大嫂是名医武威三家的小姐，大哥和她成亲，也是应父母之命、媒妁之言。当初，母亲上街，看到有户人家抬着花轿奏着鼓乐，迎亲队伍好不风光，心中十分羡慕，回家后老是念叨这事。于是，两位家人向母亲介绍了武小姐，替大哥做媒。她老人家激动地亲自去认亲，匆忙中竟认了武家邻居的姑娘，直到拜堂那天才发现认错了人。大嫂身材瘦弱，相貌平常，且不认得字，不能和大哥谈诗说文。然而，大哥从来不嫌弃她，两人始终相亲相爱、相敬如宾。有时，家里人嫌大嫂干活不利索，有点闲言碎语，嫂子受了委屈，轻轻嘀咕：“朱自清从来不嫌我慢的。”大嫂过门以后，确实是温柔贤淑、辛苦劳碌，大哥曾为之写了《笑的历史》，一字一句讲解给她听，寄托了对嫂子的无限深情……

想到这里，我感慨不已，记得大哥很喜欢英国海洋画家特纳的画，他曾说过：“浩瀚的大海给人以无穷的力量和启示。”我忽然感到，大哥的身躯虽然那么瘦弱，然而，他的心胸却如特纳笔下的大海一样的宽广。

（选自《难以忘怀的往事》，载于《荷塘边的不朽背影：回忆朱自清》，江苏省政协文史资料委员会、扬州市政协文史资料委员会编，中国文史出版社 2019 年版，题目为编者加）

两位母亲

朱闰生 *

父亲一生从事于教育。北京大学毕业后，由于工作地点的不定，我们兄弟姊妹出生地点也就各有不同。我是 1925 年 5 月父亲任教于上虞白马湖春晖中学时出生的。出生后不久，父亲经俞平伯伯伯推荐，于是年 8 月到北平清华大学任国文系教授。1927 年 1 月，父亲把我生母、大姐采芷与我接到清华，大哥迈先和二姐逖先由祖母带回扬州家中。父亲到清华大学，这是他一生服务清华的开始。我在北平只住了两年多，1929 年下半年，因为母亲得了肺结核，肺部已烂了一个大窟窿，劝她去休养，可她丢不下我们，丢不下那份儿家务，也舍不得花钱，硬是不去。眼看越来越不行了，经父亲一再考虑，无奈才让我母亲回扬州，因为扬州毕竟是母亲的故乡啊。那次母亲带了大姐采芷、我、大妹效武及在襁褓中的弟弟六儿一起回扬州。这次长途旅行，又带了四个孩子，劳累可想而知，所以回扬州后不久，我那亲爱的母亲谢世了，后来就葬在念四桥祖茔。母亲有病，小弟弟六儿自然营养不良，也生了病，勉强熬了一年多，也夭折了。

---

* 朱闰生（1925—2011），朱自清二子，即《荷塘月色》中的闰儿。因家庭经济困难，他只读到高二，即到镇江一所小学教书，继而到南京一家报馆工作。南京解放后，进入华北大学学习，毕业后分配到山西省财政厅工作。

母亲32岁就走完了生命的旅程，这条路对父亲、对她自己、对我们都是太短了。她结婚12年，有11年耗费在我们这些孩子身上，有多少力量用多少，直到自己瞑目为止。她对于我们这些孩子，全然不知道吝惜精力。母亲对我们实在是付出了全身心的爱，可惜我那时太小，还不懂得这种伟大的感情。长大了读了父亲的《给亡妇》《儿女》等文章，才知道她是一个多好的母亲，一个多么值得儿女们为之骄傲与感到幸福的母亲。母亲虽然已经去世几十年，但我每次读了父亲《给亡妇》后，仍然深深为母亲对儿女的伟大情怀所感动，常常会觉得母亲一双充满慈爱的眼睛关切地注视着我。

1932年，我七周岁。一天，爷爷告诉我，我们将有一个新妈妈。不久，父亲果然带着继母陈竹隐回扬州了。她身材颀长，穿旗袍，着高跟鞋，戴眼镜。当时，在扬州，女人穿高跟鞋的很少。开始，我对这位新妈妈既陌生，又惊奇。然而，谁又会想到，若干年后，我们有机会在一起，新妈妈待我们如同亲生，使我又享受到真正的母爱。后来虽然分开，但每隔几年，我总是要趁出差之便或专门去北京探望我这位老妈妈——当年我眼中的那位陌生女人。

然而令人悲痛的是，1990年6月，86岁高龄的继母终于因病逝世。

继母毕业于北平国立大学艺术学院中国画系，曾受教于齐白石、寿石公、萧子泉等先生，她主要学习工笔画。我曾见过继母的作品，是在一块绢子上画的古装仕女，线条纤细，人物美丽、端庄。继母说，这是她年轻时的作品，现在已经不能画了。她说此话时已经离休并患有青光眼、白内障等眼疾了。

继母先后在四川大学图书馆工作。她为人正直，性格坦率、忠诚。在八年抗战与三年解放战争期间，她与父亲同甘共苦，并在家庭生活上处处节俭，力求减少父亲的负担，在政治上积极支持父亲走向进步、走向人民。在父亲病重与去世后，全家生活困难之际，她秉承父亲遗志，坚决不领美国“救济粮”，显示了中国人民的高风亮节。新中国成立后，她拥护中国共产党的领导，特别是党的十一届三中全会以来的各项方针政策，热爱社会主义祖国，积极参加各项社会活动，曾任北京市第四、五、六届政协委员，北京市第六届妇联委员，清华大学工会副主席。在图书馆工作中也勤勤恳恳，积极为读者服务。

继母虽然不是我的生母，但我以有这样的母亲而自豪。

（选自《魂牵梦萦绿杨情》，载于《荷塘边的不朽背影：回忆朱自清》，江苏省政协文史资料委员会、扬州市政协文史资料委员会编，中国文史出版社 2019 年版，题目为编者加）

领略父亲的慈爱

朱闰生

我们当初到扬州是父亲的意思，他怕祖父母寂寞，特地将我们几个小的送到祖父母身边；至于原在扬州的哥哥姐姐，在我们南返后，有一次父亲来扬州将他们带回北平。他那次来扬州，因我年龄还小，印象不深，只记得他面孔胖胖的，戴眼镜，非常温和可亲。回来那天，父亲给我带来许多玩具。晚上，为我们开唱机。我当时坐在父亲怀里，对这个能发出歌声的“怪物”极感新奇，痴痴地看着那能动的唱片，竟舍不得去睡觉。后来，还是父亲将我抱上床去的。

从那时起，我才朦胧地懂得领略父亲的慈爱。在我幼稚的脑海里，也就逐渐形成了一个慈父的影子。1937 年当时我读初中时，在“国文”书（即现在的“语文”）上读到了父亲的名篇《背影》，回家便告诉爷爷。爷爷说那是真事，接着便给我讲起那时家里的情况。爷爷说，你父亲写的文章是民国 6 年（1917 年）的事。在此以前，爷爷任徐州烟酒公卖局长的差事交卸了；那年，我曾祖母又病逝，爷爷又没有积蓄，父亲、二叔又要上学，只好把家里一些值钱的东西如郑板桥手迹、碧玉如意、朱红掸瓶、古钟等典当了，贵重衣物卖了，又借了 3000 元高利贷，才维持了生活，办了丧事。爷爷说，父亲对爷爷有感情才能写出那篇感人的文章。还说你父亲孩子多，他那里一家子，扬州这里一家子，负担够重，真是苦了他了。

父亲与继母这次回扬州，在家里住了10天，后到南京主持我玉华姑母的婚礼。1936年7月，因祖母周太夫人病逝，父亲又返回扬州，这一次在家时间较长。这两次回扬州，使我对父亲有了较深的印象。在我看来，父亲外表端重但谈吐却异常亲切，待人热情、诚恳；与友人相聚时谈锋很健，有时很风趣。后来扬州友人还告诉我这样一件事：父亲在扬州时，有一次去富春茶社，他很喜欢吃富春的小笼包子、干丝等，每次回扬州，都要去光顾。有个国民党军官携其姨太太在他的邻桌，这个军官为了讨好其姨太太，殷勤地为其盘子里倒醋。不想这位姨太太误会了，以为这位军官是讽刺她爱“吃醋”，撒娇撒痴，故作娇嗔。军官为了摆脱困境，竟诿称是这位堂倌倒的，狠狠地给了这位堂倌一个耳光，并叫来掌柜的训斥一顿。父亲在邻桌看得清楚，明明是这个军官倒的醋，怎能错怪这位堂倌？当即在旁仗义执言，证明这位堂倌冤枉，才使这场“官司”了结。这位堂倌在父亲吃完离开后跟踪到一个小巷内，向父亲跪下道谢说，如不是先生仗义执言，他就要被老板开除。可他家里老母亲瘫痪，妻子重病，如被开除，后果真难设想。

父亲在扬州时，对我们非常爱护、关心。星期天常带我们到城外瘦西湖、小金山、平山堂，租下一只小船，或泛舟湖上，或登临游览。他有时也与三叔谈到我们的将来。他说，他主张将来应让我们根据自己的兴趣求得发展，因为做父亲的不能束缚儿女的意志。当然，大人们要注意引导。如今，我玩味父亲的这些话，这正是说在教育子女上也要扬长避短，因材施教。可惜的是，由于随后日本帝国主义发动侵华战争及抗战胜利后国民党政府发动的内战，战火人为地隔离了我们，使我们未能继续直接受到父亲的关怀与教育。更令人悲痛与遗憾的是，父亲1936年回扬州，竟是他与祖父、儿女的最后一次聚首，直到他病逝，我们再也未见过他的音容笑貌。

1937年，按照学校规定他应得一年休假。原计划去日本，但七七事变破坏了这个计划。清华、北大、南开三个大学匆促南迁长沙，父亲靠了事前准备去日本而学会的日语，同时脱去西服，换上长衫，手中提个不显眼的旧皮包，加上矮矮的个头，很像个普通平民模样，果然没引起日军的注意和搜查。父亲到长沙后不久，1938年，上述三校联合组成的长沙临时大学又迁往昆明，改名为西南联合大学（简称西南联大）。文学院暂驻蒙自。那一年继母也从北平来到蒙自。

父亲对我们始终是极为关心、钟爱的。1928年他的《儿女》一文，对我们兄弟姊妹幼稚的笑闹、争吵等等以及当时我们每一个人的特点都描绘得极为生动，把幼小的我们的活泼、纯真如实地表现出来，真是观察入微，刻画传神。我想，没有这份对儿女的爱，是写不出这样的文章的。到昆明后，他对于住在“沦陷区”扬州的老父及我们，思念之情不断在信中、诗中出现。1943年12月，父亲给在北平的老友俞平伯伯伯的信中就提到：“家父与一男二女在扬州，一男（指我）已成‘壮丁’，颇为担心，但亦无力使其来西南，此事甚以为苦。……闰生明暑可卒业矣？”1944年，我二姐病逝，父亲非常痛心。他在《我是扬州人》一文里痛惜地写道：“她性情好，爱读书，做事负责任，待朋友最好，不知什么病，一天半就完了！”1946年我读书时有个问题不清楚，曾经写信问父亲。那时父亲正患病，他怕我着急，在病中让弟弟根据他的口述在信中给我作了解答。父亲因为想念我们，曾作《忆诸儿》诗一首，其中有“平生六儿女，尽夜别情牵”等句，充分表现了他对儿女的怀念。

抗战开始后，由于国民党政府的不抵抗主义，国土大片沦丧。在国民党统治区，由于其腐败统治，通货膨胀，物价飞涨，生活艰难，继母只好带着两个弟弟于1940年到物价相对便宜的成都居住。而在“沦陷区”，由于日本侵略军及伪政府的压榨、搜刮，生活费用也日益高涨，家庭的生活费、子女的教育费，日复一日地向父亲肩上堆积，父亲却默默地承受了。远在云南的父亲与我们关山阻隔，他既要照顾定居在成都的家，又要赡养远在扬州的老父、庶祖母及孩子们，还要留下他在昆明的生活费，一份工资三处花，其负担之重可想而知。加之云南、江苏相距遥远，又是交战双方，一封家信辗转邮递，需要数月，特别是汇款，尤为困难，往往不能按时接济家用，全靠在上海的二婶先行垫支，才勉强应付下来。由于国民党政府长期忙于打内战，忽视教育，因而教育经费很少，大学教授待遇也很微薄，更何况物价不断上涨呢。那时他一人在昆明，生活贫困，饮食粗劣，又无人照顾，可他还要拼命地工作。抗战期间，父亲曾获得休假一年的照顾，他来信说，准备在这一年内多写点文章，以补贴家用。后来知道，父亲在昆明时，除西南联大外，还在昆明一所中学兼课。1942 年的冬天是昆明十年来最寒冷的一冬。父亲因旧皮袍破得不能再穿，又做不起棉袍，便趁龙头村的“街子天”（即集日）买了一件赶牲口人用的毡披风，出门时披在身上，睡觉当褥子铺着或当毯子盖着。父亲穿着西服，戴着眼镜，披着毡披风，样子有些怪，可他却毫不介意，就那么匆匆走来又走去。

父亲这样苛刻地对待自己，日久天长，患了胃病，常常呕吐。四十多岁的人，不仅消瘦，而且头发已经见白。父亲作为一个大学的系主任，为了老人，为了儿女，忍受了多么苦痛的煎熬！继母在成都的日子也很痛苦。因为收入少，只好在成都东门外一个尼庵巷内租了三间草房居住，那所房子比起扬州安乐巷的瓦房当然差远了。我的小妹妹就出生在这里。1944 年，四川麻疹流行，我的三个弟妹都病了，小妹还住了医院。远在昆明的父亲非常惦念，但回成都又没有旅费，还是一个朋友出主意，给父亲代卖了心爱的砚台与字帖，才买了机票抵重庆，转车回成都。那时全家景况真是窘迫到极点，正如父亲在《近怀示圣陶》一诗中所说：“……累迁来锦城，萧然始环堵。索米米如珠，敝衣余几缕。老父沦陷中，残烛风前舞。儿女七八辈，东西不相睹。众口争嗷嗷，娇婴犹在乳。百物价如狂，距躟孰能主？不忧食无肉，亦有菜园肚。不忧出无车，亦有健步武。只恐无米炊，万念日旁午。况复三间屋，蹙如口鼻聚。有声岂能聋，有影岂能瞽？妇稚逐鸡狗，攫人如网罟。况复地有毛，卑湿丛病蛊。终岁闻呻吟，心裂脑为盬……”尽管如此，父亲在给爷爷的家信中，对他那里的生活情况从没有说起过，只是说他那里物价上涨，让家里节省着用。父亲对父母、对儿女的挚爱和所付出的深厚感情和痛苦代价实在使我们这些做儿女的难以补报。

当时国民党当局为收买民心，对一部分有名望的知识分子实行怀柔政策。他们想利用父亲的声望提高他们的政治威信，因而曾几次请父亲到当时国民党中央政府去做官。他们在昆明的什么“司令”“要人”，有的也几次要来拜访。与此同时，西南联大的一位国民党员教授也来邀父亲和闻一多先生加入国民党，并给了表格，请他们填写。当时如果父亲接受这些高官厚禄的收买，全家极为窘迫的经济状况以及政治地位马上就可以得到改善，但父亲毫不犹豫地拒绝了。父亲在《犹贤博弈斋诗抄》中奉答萧公权的一首诗中有两句正好说明当时的情况，这两句诗是：“闭门拼自守穷悭，车马街头任往还。”父亲这种“威武不能屈，富贵不能淫”的高尚气节永远值得我们学习！

我们知道父亲生活很苦，又无法分劳，只有常常写信。每次写信都像参加作文考试，穷构思之力，写出一封自己认为满意的信。我们想用我们的成绩给父亲以精神上的安慰。父亲在接到我们的信后，常带着欣慰与鼓励的语气回信说：“你们又进步了。”每次看到这样的信，总会使我们高兴一时。

1945 年，祖父由于年事已高，中风瘫痪，加之亲人远离，心境不舒，终于当年 4 月去世。这对于父亲，在精神上自然是个打击。据吴组缃先生当年 6 月底在成都会见父亲以后回忆说，觉得先生（指父亲）“忽然变得那等憔悴和萎弱，皮肤苍白、松弛，眼睛也失去了光彩，穿着白色的西裤和衬衫，格外显出了瘦削劳倦之态”。可怜的父亲终于永久地失去了他在《背影》中所描述自己的那种“聪明”形象！

1945 年 8 月日本投降，我们渴盼能见到睽违近十年的父亲。可是 1946 年 5 月父亲来信说：“我本打算回扬一行，现因路费太贵，只好放弃此意，因此暂时不能和你们见面，心中很难过的……”这封信打消了我们的热望。1947 年初我曾向父亲表示我十分喜爱新闻工作，当年 6 月父亲给我来信说已介绍我到南京一个报社工作，并谆谆嘱咐处世为人之道，虽细微处也不忽略。父亲对儿女的关怀真是无微不至。

1946 年 10 月，父亲回到北平，仍在清华大学任教。这时的父亲，通过昆明 1945 年“一二 · 一”血案和李公朴、闻一多被暗杀事件，思想有了很大转变，但经济状况仍然没有什么变化。特别是数年前他就患了胃病，而且待遇微薄，生活痛苦，无力根治。到解放战争时期，他的身体就越来越坏，胃病经常发作，一发作起来就呕吐，彻夜甚至连续几天疼痛不止。1948 年 3 月 29 日，父亲来信说："我最近又病了六天，还是胃病，不能吃东西，现在又在复原了。这回瘦了很多，以后真得小心……" 6 月 9 日又来信说："……又大吐，睡了九天才起床，这回因为第二次并未复原，又来一下，人更瘦了……"这次恢复极慢，经检查是十二指肠溃疡，结疤处痉挛，以后即好好坏坏不定。但是父亲在最后一封信上还安慰我说："决定可以养好，请放心。割治大约是不需要的。"然而到 8 月 6 日，他实在支撑不住，进了医院。8 月 12 日晚，我们就从电讯中突然惊悉父亲的噩耗了。本来，我与大哥商定等局势平定后到北京来看父亲，谁知父亲已用尽了他的精力，他竟不能再等待我们了。

（选自《魂牵梦萦绿杨情》，载于《荷塘边的不朽背影：回忆朱自清》，江苏省政协文史资料委员会、扬州市政协文史资料委员会编，中国文史出版社 2019 年版，题目为编者加）

一本得而复失的书

朱思俞*

朱维之教授，多年来一直在南开大学中文系任教，是父亲1923年在温州中学教书时的学生。朱先生自称在中学时受父亲影响最大，也许与此有关，以后就一直从事中国文学的教学和研究。1935年，朱先生写了一本书《李卓吾评传》，出版后赠给父亲一本，并在扉页上题词"佩弦吾师教正"。抗战军兴，父亲离开北平，藏书不能都带走，有一部分书籍托俞平伯先生代为保管，这本书也在其中。我的岳父韩文佑先生30年代初期在清华读书，也曾受教于父亲。抗战期间他留在北平，有一次听一位友人说起俞平伯先生因生活窘困愿意出让部分书籍，就由那位友人带领去俞先生家挑选了一些书籍，其中也就包括了这本书。新中国成立后，岳父先在北师大中文系任教，1952年院系调整时调往天津，在河北大学中文系任教授。这本书就一直由他保存着。

我爱人韩珊晨，1967年和我结婚。婚后分居多年，1978年底我才从西安调回南开大学。以后，我才知道这本书的经历，觉得是个巧合。1989年，我认识了同校的朱维之先生，并告诉他这本书的事情，他听后也说难得。1990年，朱先生表示，事隔多年，这本书他那里已没有存本了。有位日本

---

* 朱思俞，朱自清幼子，南开大学计算机系教授。

友人来问及这本著作，可他手中却没有，希望能够再得到这本书。岳父知道此事后表示愿意再赠还给朱先生。耽搁了一段时间，到 1991 年 7 月，岳父病逝后，我便把这本书送给了朱维之先生。这本书，自出版之日，经作者送给父亲，再经俞平伯先生和我岳父之手，历经 56 年，最后又回到作者手中。这本书得而复失、失而复得的不平凡的经历，倒是自然表露了师生之间、亲友之间对我父亲的那种真挚情意。不久前，朱维之先生送给我一篇 1948 年父亲去世时他写的纪念文章，其中回忆了父亲在温州中学任教时的情况，现在恐怕是相当难以见到的了。

（选自《对父亲的片段回忆》，载于《荷塘边的不朽背影：回忆朱自清》，江苏省政协文史资料委员会、扬州市政协文史资料委员会编，中国文史出版社 2019 年版，题目为编者加）

他的认真、诚恳，感动了学生

朱维之*

佩弦先生是我中学时代的老师。因为少年时代的可塑性很大，所以这位老师所给我的影响也特别的大。不但在学校时受他的教诲，离开了学校之后还不断地向他学习。现在他的肉体生命虽已消逝，而给我的影响却仍继续存在。

先生于 1923 年到温州中学去教书，那时还不过 26 岁，比我同班同学中最年长的还要小两岁，在众教员中年纪算是最小的，但在我们几个爱好新文艺的孩子看来，却是最可尊敬的一位。我常望着那丰满而突出的前额，大有仰之弥高的感觉。26 岁正是他生命中途——他死于 51 岁——也正是他的奔放的诗人时期。李长之先生所引以为憾的就是“未曾接融过他那奔放的诗人的一段生活”，我们却幸运地接触着了。

那时我正是温中高年级的学生，虽是班中年纪最小的一个，却是最热心欢迎佩弦先生的一个。未开学之前，在新教员名单上看见“朱自清”三字，

* 朱维之（1905—1999），浙江苍南人，著名学者、作家、翻译家、教育家。1928 年翻译出版爱尔兰作家叶芝的诗剧《心所向往的国土》。1930 年赴日本中央大学和早稻田大学学习，回国后曾任沪江大学中文系教授、系主任。新中国成立后任南开大学教授、中文系主任，相继翻译弥尔顿三大诗作《复乐园》《失乐园》《斗士参孙》。皇皇巨著《失乐园》凡十二卷，一万多行，是国内最早一部，也是迄今唯一的一部全译本。

便手舞足蹈起来，快活得不敢信以为真。他未曾到校的几天，使我焦急万分，好容易等到他来了，教务处偏偏没有安排他来教我们这一级。我们好像是从悬崖上掉下失望的深渊，觉得这是平生最大的损失，便怂恿几个爱好新文艺的同班生，联名作去旧迎新运动，结果成功了。虽然从此被学校当局看为“头痛的”分子，我却觉得有无上的胜利的快慰。

上课时大家都洗耳恭听，又是为他那急促的、怕羞的样子发愁。他常在讲台上红脸、擦汗，我也好像随着他红脸、出汗；生怕有些差错，致使那些年岁较大而爱好旧文学的同班生吐露不满之词。他虽然没有雄辩家的口才，然而始终没有人忍心说他的坏话，因为他的认真、诚恳，感动了全体学生。

我的命运有几分和老师相像，年纪轻时便有“为人师”之患。十几年来，也曾被学生说是稍带怕羞的神情，往往也自己觉得匆促；但我只用“诚恳”这一样老师所曾用的武器来克服了一切困难。

老师教书或演讲时，声调平平，平得像无风无浪的壮阔江流，但水势深厚，滔滔不绝。他的诗文风格也是这样，如涨满了的潮水，一川溶溶，猗欤盛哉，但绝少波澜起伏、奇峰突兀的奇气。这种作风也给我以不小的影响，有人说我行文像泛滥的河水，滚滚东流，不舍昼夜，却缺少浊浪排空、惊涛拍岸之势。自思行文的平易还不足为病；可是当众讲话时声调的平淡，却是大大的缺点，非加以改正不可的。

（选自《向佩弦先生学习》，载于《荷塘边的不朽背影：回忆朱自清》，江苏省政协文史资料委员会、扬州市政协文史资料委员会编，中国文史出版社 2019 年版，题目为编者加）

不肯马虎，太苦了自己

朱维之

后来，我被拉来主持中国文学系的系务。既不能推辞，便只好勉强担负起来。国文系最困难的事是学生太少，上学期终了时只剩下两个学生，其余的都转系了。我一调查他们转系的原因，多说本系以前所读的多半是些佶屈聱牙的老古书，不感兴趣。我想现今的时代究竟有些和我自己做学生的时代不同了；一般青年虽然爱国心切，但对于固有文化不愿囫囵吞枣地接受。于是我打定主意，立下新方针，要把研究的重点转移一下，就是用新的观点去研究古代的文学遗产，批评地接受外来的文学，而创造新的文学。这个目标立定之后，一切系务和物色教授、计划课程内容等，都依照这个目标进行。这个方针一立定，便有几个旧生转回国文系，也有别系转来的，连同新生一共有二三十人，稍觉有些生气。后来看见《文讯》上吴组缃和刘北汜两先生纪念先师的文章，知道先师主持清华国文系时早就这样立定方针了。

佩弦先生多年为系务所缠住，自己不得用功，深以为苦。对于这一点，我也稍有同感。他说："我这些年担任系务，越来越腻味。去年因胃病摆脱了联大一部分系务，但还有清华的缠着。行政不论范围大小，都有些麻烦琐碎，耽误自己工作很大。我又是个不愿马虎的人，因此就苦了自己。况且清华自去年下半年起，就只剩了一个学生；虽不一定是我的责任，但我总觉得乏味。今年请求休假，一半为的摆脱系务，一半为的补读基本书籍。一向事忙，许多早该读的书都还没有细心读过；我是四十多了，再迟怕真来不及。”

我们的先师太不肯马虎了，太苦了自己，连自己的性命都苦掉了；因此希望我们能学些乖，不要太苦了自己，太耽误自己学习的工夫。

先师曾在《国文月刊》上发表了关于大学中国文学系的两个意见，主张：(一) 传授现代文学；(二) 中国文学系和外国文学系合并而为一个文学系。月刊编者也曾向我征求意见，我便写了篇短论寄去，赞成中外文合系的办法。这办法首先由闻一多先生创意，而具体提出意见的是佩弦先生。他的设想是可能实现的，可惜他死去得太早了。

(选自《向佩弦先生学习》，载于《荷塘边的不朽背影：回忆朱自清》，江苏省政协文史资料委员会、扬州市政协文史资料委员会编，中国文史出版社 2019 年版，题目为编者加)

他清贫、多病

刘北汜*

他清贫、多病，我早在 1939 年在昆明便已听人说起，也是我第一次看到他时便已感觉到的。

1939 年夏，我考入昆明西南联合大学中文系。到校不久，有一天我和几个同学站在学校大图书馆前旗杆下谈天，一位同学忽然悄悄捅了我一把，要我注意看一位刚刚从图书馆里走出来的人。他嘴巴凑近我耳边，悄悄告诉我："朱自清！"

对于朱先生，我是慕名已久的，不只因为早在中学语文课本中读过朱先生的散文，还由于我自己对于散文的爱好。我之投考中文系，一个很主要的因素，也就因为系里有闻一多、朱自清、杨振声、沈从文等这样一些早就蜚声文坛的教授，渴望入学之后，能够从他们那里受到教益。

朱先生的突然出现在我眼前，使我既意外，也惊喜。他身材不高，瘦削单薄，昂着头，上身挺得很直，照直朝我们站立的地方走来。他步子虽说不大，踏在泥土路上，却锵锵有声，沉重而均匀。走近了，我才看出，他脸盘

* 刘北汜（1917—1995），原名刘惠民，吉林延吉人。作家、历史学家。1939 年入西南联大历史系并开始创作。抗战胜利后，任上海《大公报》编辑，主编《文艺副刊》。新中国成立后任故宫博物院研究室主任、北京史研究会副会长等职。

微长，额头稍宽，两眼从黑边眼镜框后闪出两道亮亮的光芒，眼神直盯着前面，是颇为严肃的。他穿身藏青色旧西装，肩头肘后微微泛红发灰，已经褪色了，却干净平整，裤缝烫得挺直。皮鞋也穿着了有些年代，有了细细的裂缝，却擦得亮亮的。

听到我们和他打招呼，他放慢步子，轻轻点了点头，应了几声，面孔上掠过淡淡的笑意，那眼光里又多出几分祥和和坚毅。随后，他就径直朝学校的南大门走去了。

我不由盯住他的背影望去：我看出来，每迈一步，他肩膀都要左右微微一晃，显然身板不很结实。但头依然昂着，上身依然挺着，步伐依然均匀。他那瘦削的背影，看起来就既端庄，又颇坚定了。

那时候，中文系一、二年级的学生，规定只能上基础课，是必修的。我读的是詹瑛的“大一国文”、陈福田的“大一英文”、吴晗的“中国通史”、金岳霖的“逻辑”、龚祥瑞的“政治学概论”、李继侗的“生物”。到了三、四年级以后，才分两组：语言组和文学组。朱自清先生那时开的课是“宋诗”，我还没有机会读到，既不上朱先生的课，见到朱先生的机会也就少了。直到这年深秋，我才第二次见到他，当他下课走出教室，我赶到另一个教室上课的时候，但只是短短一瞬间，他便走过了。这时，他换上灰布长袍了，也褪了色，是穿过多年的。显然平时叠放得整整齐齐，如今穿在身上，折叠的印痕还清清楚楚。

昆明这地方，有人说：“冬不极寒，夏不极暑，盛夏如此五月，盛冬如此九月。”（郭义恭《广志》）也有人说：“云南最为善地，六月如中秋，不用挟扇衣葛。严冬虽雪满山原，而寒不侵肤，不用围炉服裘。”（冯时可：《滇行纪略》）至于说昆明四季如春，称昆明为“春城”，那就说得更为概括了，实际上，到了冬天，不服裘可以，没有一件较厚的毛衣或较暖的衣服，就连我们年轻人也是抗不住那几分寒冷的。

朱自清先生这年 42 岁，体弱多病，自然又比我们年轻同学怕冷一些。薪水却微薄得很，不过仅能糊口养家而已，连一件呢大衣也买不起，只买了一件云南马帮赶马人爱穿的白毡披风抵御风寒，白天穿，晚上盖，度过了他在昆明的几个冬天。这种披风，一般昆明城里人都是不肯穿的，在联大教授中也是仅有的一件，朱先生却穿得十分泰然，往他那身旧西装上一披，领口绳子一系，便出门了。

（选自《忆朱自清先生》，载于《荷塘边的不朽背影：回忆朱自清》，江苏省政协文史资料委员会、扬州市政协文史资料委员会编，中国文史出版社2019年版，题目为编者加）

从司家营到昆明

刘北汜

朱自清先生和夫人孩子一起在昆明只住了不到两年，1940 年暑假后，朱先生便带着家人到他夫人的老家四川成都休假去了，住在成都东门外望江楼附近报恩寺的一座小院落里，租了三间小平房。房子简陋，但还整洁。朱先生的《经典常谈》一书，便是利用一年的休假时间，在这所小院落里完成的。

1941 年暑假后，休假期满，朱先生把家属留在成都，单身一人回到昆明。同年 10 月，清华大学文科研究所成立，所址设在昆明东郊十里外龙泉镇南的司家营。朱自清先生也随着从黎院村搬来司家营，和另外几个人挤住在研究所二楼的一间侧室里。住在同院的还有闻一多先生一家和浦江清先生。二楼上，有个三间打通的图书阅览室，庋藏所里藏书，同时在室内为每个住在所里的教授安置了一张桌子，供研究、读书、著述之用。

这是一处古旧的院落，一色木结构建筑，有一方小小的天井，楼上还可以晒到阳光，比较明亮，底层就很阴暗了。然而，环境安静，敌机不来骚扰，便于著述研究，这在当时的昆明已属不易了。

当时，从昆明迁到龙泉镇和附近的瓦窑村、麦地村、司家营的人很多，在联大任教的向达、钱端升、汤用彤、陈梦家等也都在这里住过。清华大学文科研究所和设在龙泉镇上的北京大学文科研究所的研究生、现在已成为著名学者、教授的范宁、季镇淮、王达津、何善周等以及著名的文学家张光年、魏猛克，音乐家赵沨，翻译家赵萝蕤，天文学家陈遵妫等，也都在这里住过，都曾在龙泉镇的云南大学附中教过书。

龙泉镇又叫龙头村，有近三百户人家，有条小街，隔几天赶一次集，当地叫赶场。镇西有公路南通著名的古刹金殿，北通著名的胜地黑龙潭，北靠金汁河，风景、环境都不错，所不足的是，没有直通昆明的公路，朱自清先生和其他教授要到昆明上课，只能沿着金汁河的堤岸向西步行，得走十来里路。对朱自清先生来说，这就不能不是一个很大的难题了，但他又不愿意离开司家营，离开研究所那个便于他进行研究、著述的图书室，因此，他把他在联大教的课程集中排在每周的三天间，每次进城上课，在昆明北门街的联大宿舍里暂住三天，三天的课上完，再回司家营。这样，每周他只要在司家营和昆明之间往返各一次也就行了。

朱自清先生的身体这时已经比较虚弱，吃的是恶劣的糙红“公米”，沙子多，稗子多，以致得了胃病，而又缺医少药，不能很好调治。朱先生的夫人和孩子这时一直住在成都，朱先生菲薄的工资收入要两地分用，经济上的拮据又使他无法，也无力增加营养品，日子过得十分艰辛，身体也就逐渐垮下来。而朱先生“穷且弥坚”，并不因此而对教学工作和著述稍有松弛，每次从昆明上课回到司家营，便一头扎进研究所的图书室里。

朱自清先生在司家营住了两年左右。他身体虽然不好，生活却过得很有规律，总是每天早早起床，到村边去散一会儿步，回来再用早饭，然后就埋头到书堆里。他的被褥每天都叠得整整齐齐，衣服洗过之后，总要折叠平整，然后放好。他用的桌椅用具，也总是擦拭得干干净净，一尘不染，井然有序，天天如此。

1944 年暑假以后，朱先生由于不堪长期奔波跋涉于司家营和昆明之间，便经常住在昆明北门街联大宿舍里，而不常下乡了。

（选自《忆朱自清先生》，载于《荷塘边的不朽背影：回忆朱自清》，江苏省政协文史资料委员会、扬州市政协文史资料委员会编，中国文史出版社 2019 年版，题目为编者加）

一首反法，一首抗日

李为扬 *

我从到蒙自至毕业离开，前后大约四个月，我和朱自清先生的接触是比较多的。我每天由歌胪士洋行到海关上课，常常在下课后绕到他寝室坐一坐，有时他也会托人带个口信或是写张便条到学生宿舍，约我去他处一谈。朱自清先生对扬州的感情特别深厚，平时在外遇到家乡人，他总会倍感亲切。谈到扬州的一切，无论古城风貌、园林风景、饮食点心，他都如数家珍。他非常关心战局，关心家乡，尤其爱听扬州方面的消息。有两次为了弄清楚报纸上报道的战役，他特地把《中国地图》翻出来，要我和他一起照着仔细寻找一城一镇的位置。

朱自清先生是个十分好学的人，每到一地，都非常注意了解当地的历史和风土人情。最初来蒙自时，我曾问起，蒙自既开商埠，为何现在商业如此萧条？朱先生告诉我："滇越铁路修筑前，蒙自主要靠红河水运越南，故商业发达。后来低估了修铁路的重要性，勘定路线时让它通过碧色寨，不料蒙自商业大受影响。也有人说，当时蒙自地方势力封建保守，认为开山筑路，侵涉庐墓，怕破坏风水，也有意识地不让铁路通过蒙自县城。"

还有一次我告诉朱先生："我听碧色寨土著谈：碧色寨原名壁虱寨。壁虱

---

* 李为扬，江苏文史馆馆员、扬州清华大学同学会名誉会长。

就是臭虫，当年诸葛亮南征时，见此地臭虫多，故命名壁虱寨。一直沿袭下来，直到近年来才改同音为碧色寨。”朱先生笑笑说：“人民崇拜诸葛亮，西南诸省关于他的故事，随处都有，诸葛亮《前出师表》中，有‘五月渡泸，深入不毛’。一般都把‘不毛’解释为‘不毛之地’，似嫌勉强。我来云南后，倒听说：‘泸’就是‘怒江’，‘不毛’就是缅甸‘八莫’的古代音译。实际就成了：‘五月渡怒，深入八莫。’这个说法倒很有意思。”

蒙自城里苍蝇很多，并不是趋腥逐膻的红绿头蝇，而是体形较小的白麻色家蝇，当地人称为“饭蚊子”，最爱成群地围着饭甑子飞舞。我给朱先生讲了一个笑话：“我由糖粥店出来，有一个穿白大褂的人走在前面，我从他背上数了一下，在那块小小的‘航空母舰’上，已停歇了四十几架‘飞机’。”朱先生也给我讲了一个笑话：“我有个朋友在蒙自街上走，由于张口笑了一下，一只苍蝇就闯进了他的嘴里。”后来联大学生在蒙自城里组织一次灭蝇运动。

有一天，我偶然和朱先生谈起有时也学着写一些诗词。他听了很感兴趣，说要看看。我便拿沿途做的一些诗向他请教，其中有：

南歌子

樊口如樱小，蛮腰似柳长。
春风吹薄绿纱裳，细拨红牙，低奏月如霜；
故国悲咽语，南疆懒化妆。
凝眸泪转九回肠，愁对天涯，无语问沧桑。

清平乐

汗流如豆，热得人难受。
六月骄阳腾火兽，大地纹风不透。
且拼铁骨铜筋，周旋宇庙精灵。
纵使肌焦肤裂，依然固我原形。

朱自清先生看了以后，笑嘻嘻地指着这两首向我说："写得不错。一首反法，一首抗日。"停了一下他又接着说："越南人一天到晚嚼槟榔，把嘴唇染得通红，这个'樱'字却非常形象化。'蛮腰'也语涉双关。连同'春风吹薄绿纱裳'句，直把越南少女描绘出来了。不来蒙自，不和她们生活在一起，是不容易体会出来的。第二首很含蓄。我看《南歌子》可题为'观越南武白玉女士弹琴'；《清平乐》可题为'1938 年夏，抗日战局正酣，挥汗口占于云南蒙自'。"我知道朱先生是在鼓励我学创作，所以并没有指出我的瑕疵。

光阴荏苒，转瞬毕业期届。清华毕业班同学编了一本《清华第十级年刊》纪念册，我便代表编委请朱自清先生为我们写一篇《临别赠言》，以资勖勉。他高兴地濡笔直书，语重心长地策励我们青年不负所学，各尽所能，报效民族，完成"抗建"大业。他对我们谆谆教诲，一直成为我们终身的"座右铭"。题词全文如下：

> 向来批评清华毕业生的人都说他们在作人方面太稚气、太骄气。但是今年的毕业同学，一年来播荡在这严重的困难中间，相信一定是不同了。这一年走抗战建国开始的一年，是民族复兴开始的一年，千千万万的战士英勇的牺牲了，千千万万的同胞惨苦的牺牲了。而诸君还能完成自己的学业，可见国家社会待诸君是很厚的。诸君又走上了这么多路，更多的认识了我们的内地，我们的农村，我们的国家。诸君一定会不负所学，各尽所能，来报效我们的民族，以完成抗战建国的大业的。
>
> 朱自清
>
> 二十七年八月，蒙自

1938 年夏，我们毕业班离开蒙自，各奔前程。大学生毕业，对古老的西南边陲的蒙自来说，可算是破天荒的大事。那天，我们背着行囊，和前来送行的师友谈笑着，分开看热闹的人流，登上火车，当汽笛长鸣车轮徐徐蠕动时，月台上送行的师友举着的无数的手，和车厢中伸出窗外的无数的手，彼此频频地挥动，不住地挥动。朱自清先生留给我最后的深深的印象是：清癯面庞，中等身材，精神抖擞，站在蒙自车站的月台上，向着我们毕业生乘坐的快离去的个旧锡矿小火车挥手，直到车行了很远，还隐约看见他那高举着的礼帽影儿在远空中摇荡。

（选自《我和朱自清先生交往的点滴回忆》，载于《荷塘边的不朽背影：回忆朱自清》，江苏省政协文史资料委员会、扬州市政协文史资料委员会编，中国文史出版社 2019 年版，题目为编者加）

人是要先吃饭的

孙景瑞 *

朱自清老师为人和治学的态度十分严肃认真，一丝不苟。教课也是这样，要求严格，虽然我们都是大学生了，每次上课他仍然亲自点名，而且，每点一个，都抬起头来用关注的眼光看一下，好像要记住你的面容，然后再点下一个。应该说，他对每个同学都是熟悉的，点名却从不马虎。1946 年下半年新学年开始后，我跟他读“中国文学史”。这是中国文学系学生的必修课，每周四个学时，共占四个学分，课是绝对缺不得的。可是，我因为当时是半工半读，在《世界日报》任教育编辑兼记者，有时执行采访任务，不能到校上课，便不得不缺席。我虽然上课缺席，看看同学们的笔记也能补上，但引起了朱自清老师的注意。

11 月初的一天，清华园里刮着秋风，飘满了金黄色的落叶，天气变得有点凉，我下课后正急急忙忙往宿舍走，在路上迎面碰见了朱自清老师。他穿着一件黑呢大衣，头戴一顶土耳其帽，清瘦的脸上架着一副玳瑁黑边眼镜，右手抱着一摞书，像是刚从图书馆出来。他给我的印象是，季节刚是深

* 孙景瑞，1922 年生，河北高碑店人。1949 年毕业于清华大学中文系。后参加中国人民解放军，历任新华社第四野战军总分社记者、总政治部文化部文艺创作室创作员、《解放军报》文艺编辑。著有短篇小说集《不能入库》《边卡驼铃》、长篇小说《红旗插上大门岛》等。

秋，还没有入冬，怎么过早地穿上全副冬装呢？当然后来才知道他有胃病，一受寒就犯。我向他鞠躬问候，他也含笑答礼。

之后，正要离去，他像是忽然想起什么，又转过身来把我叫住，关心地问道：“开课以后，你怎么有三次没来呢？”我听了，不禁一怔，既惊讶又感动，难得他说得这么清楚！可见他教学是多么细心，对学生又多么关心了。于是，我向他诉说了缺课的原因。他稍一沉思，又问：“你为什么要担任社会工作呢？”我只好直言相告：我的家在农村，只有母亲一人，既无劳动力，又兵荒马乱，没有经济来源；还有一个妹妹也没有工作，我们生活困难，连学校的膳费都交不起，没有饭吃。

他听了，似有同感地叹息了一声，自言自语似的说：“我一回到北平，便觉得物价涨，粮食贵。人人要吃饭的，天天要吃饭的，没想到抗战胜利后吃饭更难了！”接着，他回忆似的说：“前年，我也因为生活困难，除了在西南联大上课外，还在五华中学兼任国文教员，十分劳累，结果课没有上好，身体也坏了，胃病时常发作。人是要先吃饭的。你既要读书又要工作，两头儿顾不上，何不先解决吃饭问题呢？免得既耽误学业，又影响工作；天天城里城外跑也会搞坏身体。”我听了朱自清老师的话，觉得有理，可是怎样解决吃饭问题呢？他像是猜透了我的疑惑心情，商量似的说：“先解决吃饭问题，就是让你先休学一年，安心工作，再积存一点钱，明年复学好好读书，你看怎么样呢？”这倒是个好办法，可我心里有点打鼓，谁知明年形势能不能好转呢？因而一时拿不定主意。朱自清老师倒像安慰我似的说：“时局总不会越来越坏吧！你先想一想看，想好了再找我谈。”我们各自走去。我走了几步，忍不住回头望了望朱自清老师那穿着黑呢大衣的背影，心里感到一阵莫名的怅惘，身受生活压力的原来不仅是我，还有我从小就敬佩的老师啊！

我想来想去，朱白清老师提出的休学一年的办法虽说是权宜之计，可为了先吃饭，仍不失为上策。过了几天，我便把休学的决定告诉了他。转过年来，他发表了一篇杂文《论吃饭》，论述了“吃饭第一”的道理，为千百万饥饿的人民呐喊，声援轰轰烈烈的反饥饿、反内战的学生运动。他在文章中说:“学生写出‘饥饿事大，读书事小’的标语，工人喊出‘我们要吃饭’的口号，这是我们历史上第一回一般人民公开的承认了吃饭第一。”这是他为了吃饭向反动派发出的檄文，我当时读了，感到特别痛快，因为说出了我的心里话。

(选自《忆一代文宗朱自清老师》，载于《荷塘边的不朽背影：回忆朱自清》，江苏省政协文史资料委员会、扬州市政协文史资料委员会编，中国文史出版社 2019 年版，题目为编者加)

朋友并不都是靠得住的

孙景瑞

1947年暑假后，我复学了，注完册，开始选课。选哪位教授开的课，要由哪位教授在选课单上签名，然后交给教务处，在规定的选课日期内，要办完手续，而全校好几千人，都集中办理，时间有点紧。

选课那天，我从城里到校已是中午了，到下午5点最后一班进城的校车要开时，我还有历史雷海宗先生开的一门课没有选完，而明天又要截止，心里十分焦急。如果我赶不上校车班车，当天进不了城，在同学处借宿一晚无问题，却耽误了晚上7点到《世界日报》上夜班，因为那时城里城外的交通很不发达，仅有早晚两班校车可坐，什么公共汽车、的士是没有的，虽然走到颐和园门口可雇到人力车，但那二三十里长途，我这穷学生负担不起车钱。课要选，而教授尚未签名，城要进，而校车马上就开，面对这种情况怎么办？我六神无主，刚巧碰到一位熟悉的同学，便心头一动，决定把选课单交给他，请他代办，他立刻答应下来，于是我飞快地跑上校车愉快地进了城，以为事情办得很顺利。

谁知，开学以后，训导处忽然找我。我马上去了，一见训导长褚士荃，他立刻拿出一张选课单给我看。我一看，是选雷海宗先生的那门课的单子，上面有他的签名。这有什么问题吗？褚士荃训导长严肃地责问道："你怎么敢假签雷先生的名字呢？"

我一听，怔住了，雷海宗先生的签名怎么会是假的呢？莫非是代我选课的那位同学干的？我觉得有些委屈，立刻把请同学代办的情况详细地报告了。褚士荃听了我的诉说，严肃的脸色变得有点缓和了，沉思片刻，同情地说："雷海宗先生对这件事很生气，不接受你的选课，叫校方将你开除。刚才听了你的话，这事虽然不是你干的，但是你也有责任。"

我只默默地听着，一声也不敢吭，担心被开除。褚士荃训导长好半天没再说话，在办公室里来回踱步，好像很为难的样子。过了一会儿，他像是拿定了主意，停在我的面前，用关怀的语调说："你去找一下你们系主任朱自清先生吧！把情况如实地向他讲清楚，请他去跟雷海宗先生商量一下，再对你作处理。"我像是绝处逢生，看到了一条出路，朝褚士荃感激地鞠了一躬，便转身走出了训导处。

我在中国文学系办公室找见了朱自清老师，他正跟王瑶先生谈什么，一见到我慌慌张张地进了门，便转过脸来问："有什么事吗？"我回答："有点事儿！"这时，王瑶先生说了句："你们谈吧。"便出门去了。朱自清先生指了指王瑶先生坐过的椅子，客气地说："坐下谈吧！"我看了看那把椅子，没敢坐下，仍然站在办公室靠门的地方，把事情一五一十地说了一遍。朱自清老师一直没插话，耐心地听着，等我讲完，他又指了指那把椅子，仍然客气地说："你坐下吧！"我还是没有坐下，像等待判决似的站在原地没动。朱自清老师显然理解我当时的心情，思索了好一会儿，才自言自语似的说："朋友并不是都靠得住的啊！"然后，又停顿片刻，才同意地说："既然褚训导长让你来，我就去跟雷海宗先生说一说；除去雷先生的课，其他课你照常上，不要耽误了！"我当时听了，感激的泪水直在眼眶里转，差一点流下来。

过了三四天，朱自清老师上完"中国文学史"，下课后，把我叫出教室门，关心地问道："褚训导长又找你了吗？"我说："没有。"他又说："雷海宗先生也没想到这事不是你本人干的。既然如此，他同意你留在学校继续读书。一个青年人，不做错点事是不可能的，做了错事，能够长见识，会变得明智起来。你的过错在于不自己选课，尽管当时情况特殊，也不是不能避免；如果你一到校就抓紧时间，完全可以避免发生请他人代为选课的事情。”

朱自清老师谈话第二天，褚士荃训导长果然找我了，他一见面就说：“你的事情经过研究，决定留校继续学习，不过，为了警戒你，还是决定记大过两次。你还有什么话说吗？”我想了想，问道：“要不要向雷海宗先生当面道歉呢？”褚士荃一听，笑了，轻松地说：“这事由你自己决定吧！”后来，我还是向雷海宗先生当面表示了歉意，记得他只说了一句话：“我没有要求你道歉啊！”

事后，我听那位搞假签名的同学说，朱自清先生曾找他了解情况，显然是想加以对证，看我说的是否事实。那位同学所以搞假签名，是因为当天在历史系办公室没有找到雷海宗。如果他打听一下雷海宗的家，多跑几步路到他家里去签，也就不会发生这宗事了；可是他灵机一动，耍了个小聪明，在办公室桌上看到有雷海宗签名的选课单，他便照葫芦画瓢，模仿着签了一个。那位同学受到了朱自清先生很严厉的训戒，而我则对他没有什么指责，只能反省自己。

（选自《忆一代文宗朱自清老师》，载于《荷塘边的不朽背影：回忆朱自清》，江苏省政协文史资料委员会、扬州市政协文史资料委员会编，中国文史出版社 2019 年版，题目为编者加）

这玩意儿很有趣

孙景瑞

1947 年 10 月 24 日晚上，清华大学中国文学系举行了一个迎新大会，欢迎暑假后新学年入学的新同学。大会还没开始，朱自清老师便来了，我急忙上前问候。他一见我，微笑道："你是复学生，今天也欢迎你！"开会以后，他起立讲了几句话，便开始进行文娱节目。大家都出了些什么文娱节目，已经忘记了，但扭秧歌却记得清清楚楚。大家围成一圈，随着一位女同学边扭边学。我当时不会扭，学时还有点不好意思。站在我前边的朱自清老师也不会扭。步子当然不怎么听话，可他学得很认真。他都五十多岁了，人又长得瘦小，而且是系主任，还坦然地扭，我怕什么呢？我受到他的鼓舞，立刻放下架子大胆地扭起来，很快便学会了，跟大家踏在一个步调上。

休息的时候，我坐在朱自清老师旁边。见他一边擦汗，一边气喘，问道："朱老师累了吧？"他胃不好，平时吃不了多少东西，扭这么一阵子，肯定很吃力。他笑意盎然地说："不累，不累！这玩意儿很有趣！"我说："我也是头一回扭，觉得很新鲜！"他同意地说："扭秧歌在民间恐怕已流传许久了，可是一传进城市，尤其是一传到知识层，就变成新鲜东西了。它和其他文学艺术形式一样，来自民间，源于劳动，是劳动人民创造的。我看扭秧歌这种比较简单的舞蹈，不仅是一种自娱方式，而是我们知识分子向民间学习、向劳动人民学习的肇端。"我只觉得扭秧歌好玩儿，而朱自清老师却把它提到知识分子思想改造这样的高度来认识，对我启发很大。

从此，我们中国文学系一有集会，扭秧歌就作为保留节目拿出来。1948年元旦的晚上，我又参加了一次新年同乐晚会，主要文娱节目仍然是扭秧歌。这次，系里几位女同学来了个花样翻新，不仅自已化了妆，也给朱自清老师头上戴了一朵大红花，穿上一件花衣裳，打扮得像个乡村小老太婆。朱自清老师不仅没有反对，还很乐意，顺从地接受打扮，高兴地和大家一起扭来扭去，而且步调非常熟练了。许多老师和同学看了他那样子，都忍不住笑得合不拢嘴，而他一点也不笑，认认真真地扭；他越是这样，大家笑得越厉害，以致扭不下去了。

散会后，我们几位住在明斋的同学顺路陪着朱自清老师回家，在路上，大家边笑边谈，仍然沉浸在刚才的欢乐中。我说："朱老师，您今天的表演真精彩！"他竟连声谦逊地说："扭得不好，扭得不好！"他这种认真的语调，一下子把大家逗得笑个不住。等大家笑声住了，他严肃地说："我对新鲜事物都要学，在这方面比你们青年人学得慢，正是因为这样，我才要更加努力地学。有人说我是被青年人拉着往前走的，这又有什么不好呢！可以走得快些嘛！我希望青年人不要松开拉着我的手，一起走！"朱自清老师的话说得十分诚恳，当时，我和同学们听了，好半天没有说话，深深地思索着。我们哪里是拉他往前走呢，而是他在黎明前的黑暗里以其最完整的人格带领我们往前走啊!

（选自《忆一代文宗朱自清老师》，载于《荷塘边的不朽背影：回忆朱自清》，江苏省政协文史资料委员会、扬州市政协文史资料委员会编，中国文史出版社2019年版，题目为编者加）

最后一面

孙景瑞

1948年8月6日晚上，我正在《世界日报》编辑部编发稿件，中国文学系同学喻殿芬打来电话，告诉我朱自清老师病了，住进了北大医院，而且动了手术。我一听，心情顿时沉重起来。

他的病是胃病，已不是一天半天的事儿了，大约从1940年以来，他就发觉胃痛。抗战开始以后，清华大学南迁，一路辗转，过度劳累，直到昆明才算安定下来。但是，由于国民党政府的反动腐败，物价飞涨，薪水仅按七折发给，人民日益贫困，文教人员的状况尤其凄惨。朱自清先生家人口多，家用大，生活更是窘迫，不得不把夫人和子女送到成都的夫人家住。他单身一人，生活无人照顾，随着大家吃大厨房的糙米饭；胃病厉害时，连蔬菜也消化不了，就整天自煮稀饭吃。加上二女儿和老父亲相继病逝，心情不好，以及教学工作辛苦，他的胃病一年比一年严重。1945年8月，他的胃病又严重发作，想到成都住院治疗，可是，负担不起巨额医疗费用，颇为犹豫；后来转念一想，反正抗战已经胜利，一切都会好起来的，于是抱着复校后回到北平再治的希望，又强忍病痛，投入了北上复员工作。

朱自清老师没有想到，抗战胜利之后，由于蒋介石发动了全面内战，人民的日子更是难过，连吃饭都成了问题，怎能谈得上治病呢？他的胃病一犯，不得不强自忍耐。我记得，1947年秋天，他有一次上课，我忽然发现他额上滚出了黄豆般大小的汗珠，脸色变得纸一样苍白，一只手用力强按着胸口，显然是胃病犯了。但他坚持上完课，才肯离开教室；走进办公室时，往痰盂里吐了很多又黄又红的黏液。他并不是不想治病，而是治不起。如1948年5月的一天，他吃下东西就吐，便到城里的医院检查，诊断为胃梗阻，须治疗，但一问治疗费用，还是难以负担，只好作罢。现在突然住院肯定病情危险。我因为住在城里，离大医院也近，第二天下午便去医院看望。可是，医生不让探视，说是刚动完手术，需要监护。我仅从病房门口看了一眼。据医生讲，他的病诊断为胃穿孔，手术后，情况尚好，估计十天半月可以出院。我一听，这才放了心。

过了两天，即1948年8月9日下午，我又到医院探视。这一次，医生准许进入病房，但谈话要简短，朱自清老师安静地躺在病床上，从窗外透进来的斜阳照射着他那瘦白的脸孔，看来精神还好。他一见是我，轻轻地抬起手来招呼我坐下。我关心地问候道："朱老师，您好些了吗？"他含笑微颔，随后用细弱的声音说道："开学以后，你就要写毕业论文了；我请浦江清先生当你的导师，研究方向是不是放在元曲方面呢？你向浦先生请教吧！"我听了，心里热浪翻腾，他在病中还惦记着我的课业，感动得说不出一句话，只是频频点头。因为朱自清老师病体虚弱，我记住医生的嘱咐，不便久留，只说了句盼望他安心静养的话，便走出了病房。

没有想到，这一次见面竟是最后的诀别。8月12日晚上，我又接到同学喻殿芬的电话。说朱自清老师病情突然恶化，已经在中午11时40分逝世。我拿着电话筒的手不禁颤抖起来，好半天才把它放下，伏在办公桌上哭了。当晚，我在《世界日报》上发了一条讣闻：《一代文宗与世长辞》。8月26日，清华大学在同方部举行追悼会，我特地赶去参加，在朱自清老师遗像前面恭恭敬敬地鞠了三个躬。

（选自《忆一代文宗朱自清老师》，载于《荷塘边的不朽背影：回忆朱自清》，江苏省政协文史资料委员会、扬州市政协文史资料委员会编，中国文史出版社2019年版，题目为编者加）

他的旧伤痕使他倒了下去

郑振铎 *

这样的一位结结实实的人，怎么会刚过五十便去世了呢？——我说“结结实实”，这是我十多年前的印象。在抗战中，我们便没有见过。在抗战中，他从北平随了学校撤退到后方。他跟着学生徒步跑，跑到长沙，又跑到昆明。还照料着学校图书馆里搬出来的几千箱的书籍。这一次的长征，也许使他结结实实的身体开始受了伤。

在昆明联大的时候，他的生活很苦。他的夫人和孩子们都不能在身边，为了经济的拮据，只能让他们住在成都。听说，食米的恶劣，使他开始有了胃病。他是一位有名的衣履不周的教授之一。冬天，没有大衣，把马夫用的毡子裹在身上，就作为大衣；而在夜里，这一条毡子便又作为棉被用。

---

* 郑振铎（1898—1958），字西谛，浙江温州人。著名社会活动家、作家、诗人、翻译家、学者、文学评论家，也是著名的收藏家、训诂家。1919 年参加五四运动并开始发表作品。1920 年与沈雁冰等人发起成立文学研究会，创办《文学周刊》与《小说月报》，担任上海商务印书馆编辑、《小说月报》主编等。1931 年秋，任燕京大学和清华大学两校中文系教授。1937 年参加文化界救亡协会，与胡愈之等人组织复社，出版《鲁迅全集》，主编《民主周刊》。新中国成立后，任中央人民政府文化部文物局局长，兼中国科学院考古研究所、文学研究所所长。上任不久即将生平所藏近七百件汉、魏、隋、唐、两宋的陶俑等文物全部捐献给国家，入藏故宫博物院。1958 年 10 月 17 日率中国文化代表团出国访问，因飞机爆炸殉职。家属遵其遗愿，将其近十万册珍贵藏书全部捐献给国家，并在北京图书馆设专藏。

有人来说，佩弦瘦了，头上也有了白发。我没有想象到佩弦瘦到什么样子；我的印象中，他始终是一位结结实实的矮个子。

胜利以后，大家都复员了。应该可以见到，但他为了经济的关系，径从内地到北平去，并没有经过南方。我始终没有见到瘦了后的佩弦。

在北平，他还是过得很苦。他并没有松下一口气来。

暑假后，是他应该休假的一年，我们都盼望他能够到南边来游一趟。谁知道在假期里他便一瞑不视了呢？我永远不会再有机会见到瘦了后的佩弦了！

佩弦虽然在胜利三年后去世，其实他是为抗战而牺牲者之一。那末结结实实的身体，如果不经过抗战的这一个阶段的至窘极苦的生活，他怎么会瘦弱了下去而死了呢？他的致死的病是胃溃疡，与肾脏炎。积年的吃了多少粒与稗子的配给米，是主要的原因。积年的缺乏营养与过度的工作，使他一病便不起。尽管有许多人发了国难财，胜利财，乃至汉奸们也发了财而逍遥法外，许多瘦子都变成了肥头大脸的胖子，但像佩弦那样的文人、学者与教授，却只是天天地瘦下去，以至于病倒而死。就在胜利后，他们过的还是那末苦难的日子，与可悲愤的生活。

在这个悲愤苦难的时代，连老成持重的佩弦，也会是充满了悲愤的。在报纸上，见到有佩弦签名的有意义的宣言不少。他曾经对他的学生们说，“给我以时间，我要慢慢地学”。他在走上一条新的路上来了。可惜的是，他正在走着，他的旧伤痕却使他倒了下去。

他花了整整一年工夫，编成《闻一多全集》。他既担任着这一个工作，他便勤勤恳恳地专心一志地负责到底地做着。《闻一多全集》的能够出版，他的力量是最大的；他所费的时间也最多。我们读到他的《闻一多全集》的序，对于他的“不负死友”的精神，该怎样的感动。

地山刚刚走上一条新的路，便死了，如今佩弦又是这样。过了中年的人要蜕变是不容易的。而过了中年的人经过了这十多年的折磨之后，又是多末脆弱啊！佩弦的死，不仅是朋友们该失声痛哭，哭这位忠厚笃实的好友的损失，而且也是中国的一个重大的损失，损失了那末一位认真而诚恳的教师，学者与文人！

（选自《哭佩弦》，载于《北平》，郑振铎著，江苏凤凰文艺出版社 2018 年版，题目为编者加）

他才只五十一岁啊

吴组缃*

还是抗战胜利的那年夏天，和朱先生在成都匆匆见了一面，这以后信也没写过一封。恐怕我现在在哪里他都未必知道。8 月 12 日报载朱先生胃病又发，正在医院里行手术，我就觉得不很好。因为我知道他“拖”着十二指肠溃疡的病在身已经多年了，若不是到了严重地步，是不会进医院去开刀的。果然，第二天报上就传来他的死讯了，说行过手术之后转成肾脏炎，因为体力太弱，终于不救。

朱先生的死，细想起来真是所谓“势所必至”：以他那样认真不苟的人，处在这样的时世和境况，拖上了这样的病，不能休息，不能医治，只是听天由命地拖着，那结果早就可以预料的。看到报上所传的噩耗，当时只悲慨地说：“唉，他才只五十一岁啊！”但心里实在没有感到多大的震惊。

叫我大大震惊了的，倒是在成都的那次会面。那时朱太太带着小孩住在成都，朱先生趁着暑假从昆明回来。我路过成都，从叶圣陶先生那里打听到他

* 吴组缃（1908—1994），原名吴祖襄，字仲华，安徽泾县人。著名作家。1929 年秋进入清华大学经济系，一年后转入中文系，曾与林庚、李长之、李羡林并称“清华四剑客”。1935 年中断学习，应聘担任冯玉祥的家庭教师及秘书。1938 年作为全国文艺界抗敌协会发起人之一，与老舍共同起草《中华全国文艺界抗敌协会宣言》，任协会常任理事。1946—1947 年间随冯玉祥访美。1952 年任北京大学教授，潜心于古典文学尤其是明清小说的研究，曾任《红楼梦》研究会会长。代表作有《一千八百担》《天下太平》《樊家铺》等。

们的住处，特意去看他们。那地方可不容易找，是在望江楼附近名叫报恩寺的一座小尼庵的院落里。他们住着几间没有地板的小瓦屋，简陋，但很整洁。我先看见一位小弟弟，紧凑的个儿，清秀的苹果脸，穿着黑洋布褂裤，在小巷寮檐下阴处一张小竹凳上坐着，聚精会神地看书。看这小弟弟的形貌神态，简直是个具体而微的当年的朱先生。我走了许多冤枉路，找得满身汗，这一下知道找对了。但等到朱先生从屋里走了出来，霎时间我可愣住了。他忽然变得那等憔悴和萎弱，皮肤苍白松弛，眼睛也失了光彩，穿着白色的西裤和衬衫，格外显出了瘦削劳倦之态。十一年没见面；又逢着这艰苦的抗战时期，变，是谁也要变的，但朱先生怎样变成这样了啊！我没有料到；骤然吃了一惊，心下不禁沉甸甸的。

朱先生一手拿着书，一手握着笔，穿得衣履整饬，想必正在房里用功；看见我，很高兴，慌乱地拖着椅子，让我到房里坐。一会儿工夫，又来了六七位男男女女的客人，他们都喊他"朱大哥"，坐满了屋子，大声地说笑着。朱先生各方面应酬着，作古正经，一点不肯懈怠。我在那些客人前面，是个生人，于是他还不时"张罗"我参加谈话，像他做文章，不肯疏忽了一笔。但我看到他多么疲乏，他的眼睛可怜地眨动着，黑珠作晦暗色，白珠黄黝黝的，眼角的红肉球球凸露了出来；他在凳上正襟危坐着，一言一动都使人觉得他很吃力。客人散了之后，朱先生和朱太太留我吃午饭。朱先生吃得很少，说吃多了就发胃病，而且只能吃面食。

我知道他患了胃病，是余冠英兄的信上告诉的。我也患过严重的胃痉挛病，属于神经性的，痛起来面无人色，话也说不出，满床乱滚。但一不痛，就食欲亢进；吃了东西，又是痛。后来承阳翰笙先生介绍，服了一瓶鹿茸精，掉了两颗大牙，病却从此没发了。当时我曾主观地设想朱先生的胃病和我的相同，把病状和治法写信告诉了他。他回信说："我也要试试看。"又一次的信说："我的胃病时好时坏，难在有恒的小心，但以后得努力，不然日子久了，拖坏了身体，到了不大能工作的地步，那就糟了。"但以后的信上就没再提过胃病。我还当他慢慢好了。这次见面，才知道他患的是十二指肠溃疡，不但没有好，而且已经把人拖成了这样。

吃过饭，他废了午睡，同我谈到两三点钟，叫我多多“囤积”生活经验，将来写些出来；又谈他自己研究和写作的计划。而后一路出街，同去看了几个人，参加几处聚会。吃完晚饭散席不久，就大雨滂沱，我料他那天老远地赶回家一定淋得浑身透湿。

“这个病，目前我没办法，只好不要去管它。”这是当时他轻描淡写地说的一句话，到现在还清清楚楚留在我耳里。他好像对他的病满不在乎。但显然的，他原先信上说的“有恒的小心”和“以后得努力”的话，这次不再提起，而且根本抛开不顾了。我明白他那句轻松的话里的沉重意味，当时什么话也没说。

（选自《敬悼佩弦先生》，载于《藤野先生 沈从文先生在西南联大》，鲁迅、汪曾祺等著，人民文学出版社 2017 年版，题目为编者加）

永远的旅人的颜色

吴组缃

还在小学时，我就在新杂志上读过朱先生的诗文。俞平伯、朱自清，那是当时齐名的两位新诗人。民国 18 年我进清华，知道朱先生任此间中国文学系主任。当时我们青年学生持一种奇怪的信条，以为求学当拿一科作为太太，另外一科作为爱人。我是把文学当作爱人的，因为我从小喜欢它；进的却是经济系。入校后最初半年，虽同在一个园子里，我没有和朱先生识过面，也没有想到去拜访他。

这年冬季，一天刚忙完大考，和同学到大礼堂门前晒太阳。慢慢地台阶上一层层挤了近百的人。有些喜欢胡闹的，每见面前路上有人走来，大家就齐声对他喊“一二一，左右左”，此时那人的脚步即无法抵御，不自禁合上节拍，走成练兵操的步伐，对着这人多势众，唯有窘得狼狈而逃。正在这样笑闹着，大路上来了一位矮矮的个儿，脸色丰腴红润，挟了大叠书在手，趸着短而快的步子，头也不抬地匆匆走了过来。同学们照例向他喊起“一二一”。最初他还不在意，仍是一本正经地走着。但随即他就理会到了，一时急得不知所措，慌张地摘一摘呢帽子向台阶上连连点着头，满面通红地逃开了。这人很年轻，看去比我们大不了多少。我还当他是高班的同学。但是他走过之后，有些同学耸耸肩头，顽皮地伸舌头了。其中一位告诉我，这就是朱自清先生。

到第二年，我受了余冠英同学的怂恿，决定和“爱人”结婚，正式转入中国文学系。我到图书馆下面系办公室去找朱先生办手续。他仔仔细细看我的成绩单，看了很久，说：“可以，我准许你。”于是拿起钢笔签了字。他座位的前后左右书架上都是一沓沓横摆着的书，多半是新书，很少线装的。他的案头也摊着好几本。面前有篇正写着的稿子，娟秀的小字，涂改得乱七八糟。他的矮小的个儿埋在座位里，精神很饱满，态度极庄严，但面孔发红，透着点忙乱神气，一点不老成。我想，大约这就是他的友人们所说的“永远的旅人的颜色”罢。

直到我离开学校，我记得一共选了朱先生三门课。一门是“诗选”，用《古诗源》做教本：实在没有什么可讲解的，但很花我们时间。我们得一首首背诵，上了班不时要默写。此外还得拟作，“拟曹子建名都篇”，“拟西洲曲”，还和同班合作“拟柏梁体”。朱先生改得可仔细，一字未惬，他也不肯放过。有一句好的，他也要打双圈。常常使我们拿到本子，觉得对他不起，因为我们老是不免有点鬼混。另外两门，一是“歌谣”，一是“新文学研究”。给我印象较深的是“新文学研究”。发的讲义有大纲，有参考书目，厚厚的一大沓。我们每星期得交一次读书报告。这种报告上若有什么可取的意见，发还的时候，他就告诉你说：“你这段话，我摘抄了下来，请你允许我。”他讲课也真卖劲。我现在想到朱先生讲书，就看见他一手拿着讲稿，一手拿着块叠起的白手帕，一面讲，一面看讲稿，一面用手帕擦鼻子上的汗珠。他的神色总是不很镇定，面上总是泛着红。他讲的大多援引别人的意见，或是详细地叙述一个新作家的思想与风格。他极少说他自己的意见；偶尔说及，也是嗫嗫嚅嚅的，显得要再三斟酌词句，唯恐说溜了一个字。但说不上几句，他就好像觉得已经越出了范围，极不妥当，赶快打住。于是连连用他那叠起的白手帕抹汗珠。

有一天同学发现他的讲演里漏了他自己的作品，因而提出质问。他就面红耳赤，非常慌张而且不好意思。半晌，他才镇静了自己，说：“这恐怕很不重要，我们没有时间来讲到，而且也很难讲。”有些同学不肯罢休，坚持要他讲一讲。他看让不掉，就想了想，端庄严肃地说："写的都是些个人的情绪，大半是的。早年的作品，又多是无愁之愁；没有愁，偏要愁，那是活该。就让他自个儿愁去罢。"就是这几句，我所录的大致没错。

他所讲的，若发现有错误，下次上班必严重地提出更正，说："对不起，请原谅我。请你们翻出笔记本改一改。"但往往他所要更正的，我们并未记下来。因为在我们看来，那实在不重要。举个例说罢，他所讲的作家，照例要介绍几句籍贯和生平。一回，讲到刚出的小说作家张天翼，他介绍说："这是位很受人注意的新作家，听说是浙江人，住在杭州……"第二次他更正道："请原谅我，我上次说张天翼是浙江人，恐怕错了。有人说他是江苏人。还弄不清楚，你们暂时空着罢。"后来我到了南京，恰好认识了天翼，知道，他原籍湖南，父母住浙江，姊姊嫁江苏，他自己两省都长住过，还能说一口地道的湘乡话。我赶快写信告诉了朱先生，朱先生回信谢谢我。

（选自《敬悼佩弦先生》，载于《藤野先生 沈从文先生在西南联大》，鲁迅、汪曾祺等著，人民文学出版社 2017 年版，题目为编者加）

我是大时代中一名小卒

吴组缃

朱先生主持的清华中国文学系，订立的方针是用新的观点研究旧时代文学，创造新时代文学。但这也不能立刻就做得合乎理想的。朱先生最感苦痛的是多年为系务缠住，自己没法用功。听说他年年打躬作揖，要求准许他放掉系主任之职。他说："你看我什么学问也没有，什么也拿不出来，我实在非用用功不可了。"但我知道，除了休假，他一直到死都没有摆脱系务。

抗战期间，他从昆明写给我的一封信上说：

> 我这些年担任系务，越来越腻味。去年因胃病摆脱了联大一部分系务；但还有清华的缠着；行政不论范围大小，都有些麻烦琐碎，耽误自己的工作很大。我又是个不愿马虎的人，因此就更苦了自己。况且清华国文系从去年下半年起，就只剩了一个学生。虽不一定是我的责任，但我总觉得乏味。今年请求休假，一半为的摆脱系务，一半为的补读基本书籍。一向事忙，许多早该读的书都还没有细心读过；我是四十多了，再迟怕真来不及了。

下面说到他的工作计划：

我的兴趣本在诗，现在是偏向宋诗；我是个做散文的人，所以也偏爱散文化的诗。另一方面，我的兴趣又在散文的发展。今年预定的工作，便是散文发展的第一个时期，从金甲文到群经诸子。这个范围也够大的，但我只想作两个题目。我还有一方面的倾向，就是中国文学批评史中问题的研究，还有语文意见的研究。这些其实都是关联着的。

写作方面，我想写一部关于语文意义的书，已定下名字，叫“语文影”。已经发表过一些。第一篇得罪了人，挨了许多骂。但我用阿 Q 的方法对付他们，一概来个不理，事情也就过去了。还想写一部，想叫作“世情书”。但担心自己经验太狭，还不敢下手。有人说中国现代，散文里缺少所谓 Formal essay；这部书就想试试这一种体裁。但还得多读书，广经验，才敢起手尝试。

这信正是他带着严重的十二指肠溃疡的病，在我所传闻的，为了避空袭，背着仅有的一卷被子；进城去上课，住了几夜；又背着被子回乡下寓处那样的生活中写给我的。长有两千字；在此不必全部抄引了。

我不会作评论，关于朱先生在文艺学术方面的成就，这里也不能道及。以上我只拉杂琐屑地把我所见的他“这个人”细略叙述了出来。我要指明的是，他不是那等大才磅礴的人，他也不像那等人们心目中的所谓大师。用他自己的话说：“我是大时代中一名小卒，是个平凡不过的人。”（见《背影序》）是的，他的为人，他的作品，在默示我们，他毫无什么了不得之处。你甚至会觉得他渺小世俗。但是他虔敬不苟，诚恳无伪。他一点一滴地做，踏踏实实地做，用了全部力量，不断地前进，不肯懈怠了一点。也许做错了，他会改正的；也许力量小了，他会努力的。说他“老好”也罢，“随和”也罢，他可一直忠于自己的思想与感情，一直忠于社会与时代。他把牢了大处——

知识阶级的文人，如果再能够，自觉地努力发现下去，再多扩大些；再多认识些，再多表现，传达，或暴露些，那么，他们会渐渐地终于无形地参加了政治社会的改革的。那时他们就确实站在平民的立场，做这个时代的人了。（见《标准与尺度》）

下面我再摘抄民国23年他26岁时所作的长诗《毁灭》中的末段：

从此我不再仰眼看青天，
不再低头看白水，
只谨慎着我双双的脚步；
我要一步步踏在泥土上，
打上深深的脚印！
虽然这些印迹是极微细的，
且必将磨灭的；
虽然这迟迟的行步，
不称那迢迢无尽的程途，
但现在平常而渺小的我，
早看到一个个分明的脚步，
便有十分的欣悦——
那些远远远远的
是再不能，也不想理会的了。
别耽搁罢，
走！走！走！

（选自《敬悼佩弦先生》，载于《藤野先生 沈从文先生在西南联大》，鲁迅、汪曾祺等著，人民文学出版社2017年版，题目为编者加）

第三章
老舍：生活的滋味

西装与画

李萱华*

老舍在北碚定居后，生活更加困难。胡絜青虽然在国立编译馆找了个小事，每月只有一石平价米，一家五口，还有人情客往。老舍写作，稿费收入很低，有所谓“换他两斤肉，写上三千字”。特别是老舍，一直病魔缠身，盲肠伤口刚愈，又患腹病，痢疾未好，又是贫血，又打摆子，贫病交加，生活难以维持。戒了酒，也戒了烟，还是不济于事。可是，国民党反动派，眼看“引诱”他，他不上钩，“威胁”他，他不害怕，就采用造谣中伤，四处散布，说胡絜青由北平带来两大箱几百幅齐白石的画。因那时白石老人的画，在重庆很值钱。其意是说这下老舍可发了财了，光卖画就够吃一辈子了。谣言像长了翅膀，到处乱飞。确实胡絜青带来了两幅白石老人的画，就是挂在老舍住房东墙上的两个小条幅，磁青色绫子镶边，裱工很精致，一条是几只小鸡雏，一条是几只大虾，画得当然不错。除此以外，别无他件。

就在这谣言甚嚣尘上的时候，一天老舍家里来了一些客人，眼看该吃饭了，家无酒食，身边无钱，但还是要招待客人。老舍无法，只得找出一套旧西装，从后门出去，悄悄拿到北碚街上卖了，买了点酒菜。在回家的路上，

---

* 李萱华，1931 年生，重庆开县人，中国作协会员。曾任重庆《工人文艺》杂志编辑、北碚区政协文史委员会副主任、北碚文学协会副主席兼秘书长等职。

遇到一个卖猫头鹰的，又用剩下的钱将它买了回来，惹得满屋哄堂大笑，后来被传为佳话。但客人们哪里知道，这是用衣服换来的。

（选自《老舍究竟何年定居北碚》，载于《重庆师范大学学报（哲学社会科学版）》1982 年第 3 期）

多鼠斋

李萱华

老舍旧居，原是林语堂在北碚的住宅。

1940年6月，林语堂回国后，来北碚定居，购得杨家这幢别墅，门牌为北碚蔡锷路24号。谁知刚住两月，又奉命出国。临行前，林语堂将此房捐赠给抗敌文协做办公处，从此，这个24号就与老舍结下了不解之缘。他每年都要多次小住这里，编写剧本，创作小说，撰写文章，主持文协活动。1943年胡絜青带着子女从北平来到北碚，老舍便定居在这个24号内。

老舍自济南逃出便无固定收入，单以写作为生，而稿酬之低，三千字才能换回两斤肉，经常是数月不知肉味。因此，长期患头昏、腹痛、痢疾、贫血、打摆子……尤其正当割盲肠未愈，家属和子女到来，在欢庆团聚之余，骤增五口，生活难以招架，全靠朋友周济度日的情况下。一些好事之徒，造谣说老舍发了，胡絜青从北平带来一大箱几百幅齐白石的画。老舍听了哭笑不得，端着一碗由冯玉祥所送之米煮成的饭，边吃边写，一挥而就，写成了《假如我有一箱子画》，落款“三三年一月七日北碚之头昏斋”，这“头昏斋”是老舍定居北碚后，为蔡锷路24号取的第一个名字。

大概是这个“头昏斋”还不太令人中意吧，不久就改成了“多鼠斋”，“多鼠斋”有多少老鼠？谁也说不清，按老舍的说法：“‘多鼠斋’的老鼠并不见得比别家的更多，不过也不比别处的少就是了。前些天，柳条包内，棉袍之上，毛衣之下，又生了一窝。”林语堂搬来时，是刚建的新房，新主人一住进，新的客人——老鼠便源源而来，先是取道壁炉，林语堂把壁炉堵住了，这些不速之客便毫不客气地或翻窗户而入，或越门槛而进。

一天晚上，在林语堂的女公子房间里，刚上床的女儿，忽听得帐顶有响动，以为是小偷，吓得不敢看，后来跳声在屋里四处乱动，才知是老鼠。它们三五成群，在椅子、桌子上乱跑乱跳。老鼠掀开了装棋子的缸盖，搬动着缸里的棋子。一个个的棋子从椅子上滚落到地上，然后又在房里滚动……折腾了一整夜。第二天早晨发觉不见了 11 只棋子，害得他们一个多月没下棋。直到 7 月 31 日，日本飞机轰炸北碚，林语堂住房被炸，屋顶垮塌，棋子才从房上落下，不多不少恰好 11 个。

老舍的手稿、纸牌……也经常不翼而飞。偶尔在柳条包内，在床下屋角处找回点被嚼烂的碎片，多数则无影无踪。于是，他花了 260 元买回一只小猫，先倒还高兴，但回到家里一看，糟了，这样的小猫，在房中的大老鼠，一天可咬下两只。赶忙才用麻绳将猫拴着，怕它不留神碰上老鼠。

“多鼠斋”有四间一厅，进门右边住的是作家老向，左后边住的是文协干事肖伯青，楼下小间住着丘八作家肖亦五。老舍一家七口，两夫妇四个子女和一位大娘，住正厅和正左居室。所以，“多鼠斋”，鼠多人也多，而老舍在此创作的作品更多。剧本有《张自忠》《面子问题》《谁先到了重庆》《桃李春风》《王老虎》等；长篇小说有《火葬》、《四世同堂》（第一部《惶惑》、第二部《偷生》）、《民主世界》；回忆录《八方风雨》，以及散文、杂文、诗词、曲艺等各种作品数百篇，近两百万字。然而，像这样高产的大作家，居然经济拮据，生活无着。固定收入，只有胡絜青在国立编译馆做编审，每月薪俸一石平价米。老舍的稿酬只能够吃小菜。招待客人就卖衣服，来一次客卖一件，从济南带出的衣箱，早已空空如也。

老舍平时爱端上一杯，买了酒一家人还吃不吃菜？只有戒了；烟，可以说是老舍的命，烟龄已有四分之一世纪，不吸烟就写不出文章。他曾声明：“先上吊，后戒烟！”可如今连最孬的“长刀”牌也要百元一包，而且还在以每天涨10元的速度上升。老舍火了，摁灭最后一个“华丽”牌烟头，宣布：“去吧！魔鬼！咱老子的100元就是不再买又霉、又臭、又硬、又伤天害理的纸烟！”烟酒失缘，茶可总少不了，但30元一两的香片，不香且咸，60元一两的香片，不咸也不香。60元一两啊！谁知明天又会上涨几倍？茶也得戒！老舍戒烟、戒酒、戒茶，除此，还有什么可戒呢？“戒荤吗？根本用不着戒，与鱼不见面已整整两年，而猪羊肉近来也颇疏远。”

关于在“多鼠斋”的这段生活，1944年秋冬之间，老舍连续撰写了12篇《多鼠斋杂谈》，从9月1日至12月24日，陆续发表在《新民报晚刊》“西方夜谈”上，写得那么淋漓尽致，脍炙人口，一读便会把你带进那个“多鼠斋”。

（选自《老舍究竟何年定居北碚》，载于《重庆师范大学学报（哲学社会科学版）》1982年第3期）

文章入冠

李萱华

1944年，老舍的创作生活刚满20年。在这20年中，老舍创作的作品有200万字以上。共有长篇小说八部，短篇小说五集，剧本八个，其他作品集五个。其实这个数字并不准确，他除了创作小说、戏剧、长诗，有书为证外，至于写的散文、鼓词、旧诗，并不留稿，写好送报刊杂志登出来就算完事了，发表之后也不将报刊剪存。所以，他自己只能说出他写过哪些本书，说不出他写了多少文章。

为了祝贺老舍创作20周年，重庆文艺界于4月17日，在百龄餐厅举行茶话会，到会同志每人出100元，招待老舍先生。茶话会由邵力子主持，郭沫若、黄炎培、梅贻琦、邓初民、程中行、顾毓琇、沈雁冰、沈钧儒等，相继在会上致辞祝贺。嗣后文协北碚分会，也为老舍开了个创作20周年的纪念会，到会的人凑份子买点心、买糖，就是不让老舍出钱。会上有陈子展、周谷城、张孟闻等人讲话祝贺。《新华日报》和《抗战文艺》还组织了专门祝贺文章。茅盾发表了《光辉工作二十年的老舍先生》，胡风发表了《祝老舍先生创作二十年》。《新华日报》以《作家的创作生命》为题，发表短评，祝贺老舍先生创作二十周年。短评说："一个作家能够长期坚持他的工作，不因利诱而改行，不因畏难而搁笔，始终为着发扬与追求真理正义而努力，在任何情况下总要尽可能说出自己要说的话……这样的作家是应该获得全社会的尊重的。老舍先生正是这样的一个作家。他的创作二十周年纪念是值得我们来祝贺的。”郭沫若为祝贺老舍先生创作生活 20 年，吟诗一首《文章入冠》：

二十年文章入冠，
我们献给你一顶月桂之冠。
枪杆子的战争行将结束，
扫除法西斯细菌须赖笔杆，
敬祝你努力加餐，净化人寰。

老舍在答谢大家的厚意时说：“今日承诸好友集会纪念，愧不敢当。20 年从事创作，虽历尽艰苦，得来不容易。但是，拉洋车做小工 20 年的人，也历尽艰苦，得来也不易。本人生病近半年，最近才好，借此机会大家见见面，谈谈天，反觉有意义。今天诸友的厚爱，我敬谨接受，并深致谢意，此后必定用笔写下去，写下去。”

（选自《老舍究竟何年定居北碚》，载于《重庆师范大学学报（哲学社会科学版）》1982 年第 3 期）

老舍，来段相声

隆 准

清贫的生活和病痛的折磨，并没有改变老舍先生幽默的天性和创作的热情。

最搞笑的是老舍说相声。有次“抗敌文协”开联谊会，不知谁叫一声“老舍来段相声”，这可是突然袭击，没准备呵！但他是文协的头头，不登台不行。老舍在场中左看右看，盯准了天津来的相声演员欧少久。两人走上台，说什么呢？

老舍略一思忖说，反正相声就是一捧一逗，你随便出上句，我接下句。

开场了，简单的铺垫后进入“正活”。

欧（少久）：咱俩来个对春联。我的上联是：坐着走。

舍（老舍）：坐着怎么走哇？

欧：你老舍先生来我们这儿做客，临走时，我给你雇辆车，你坐着走。

舍：哦，这叫坐着走。好，我对下联：起来睡。

欧：起来怎么睡呀？

舍：那天我深夜回家，家里人等我不及，先和衣睡了。我唤他们说，我回来了，起来吧，起来睡。

老舍这一临时对出的下联，不但显示了他的才华，而且抖响了“包袱”。那年月，创作相声是老舍的一种抗敌武器，《骂汪精卫》《新洪羊洞》等段子在陪都脍炙人口，成为抗战相声。至于老舍亲自登台，并不多见。一次他同梁实秋合演，两位文豪说相声，不但成为文坛趣事，也成为小城北碚深感自豪的一段佳话。

时间：1940 年

地点：北碚儿童福利试验区大礼堂

演出的名目：募款劳军晚会

搞笑点：老舍拿折扇敲梁实秋脑袋。本来嘛，说相声拿折扇打头是老规矩，虚晃一下就行了，哪知老舍太投入，忘乎所以，竟真将扇打过去。梁实秋一躲，扇头正巧打落眼镜，幸好伸手接住。分明是忙中出错，但在观众眼中，认为经过精心排练，表演异样精彩，满场高呼“再来一回”。这能再来么？老舍冲梁实秋诡谲一笑。这一笑，老舍式的幽默，被永远定格在重庆人的记忆中。

（选自《说相声》，载于《不因畏难而搁笔：回忆老舍》，刘未鸣、韩淑芳主编，中国文史出版社 2019 年版，题目为编者加）

柿　子

沈彭年*

在奶子府这座静谧的小庭院里，春秋佳日颇有些花木之盛，可是怀念起它的主人来，联想到的往往不是金秋时节盆盎中的色色菊花。主人是感情炽热的人，同“悠然见南山”之类的情趣似乎无涉；也联想不上庭院主人精心扦插的“夕华朝拾”的昙花，他的不少传世之作生命力是强劲的，《四世同堂》即是一证。

怀念老舍先生时，常常想到的是庭院中深秋时节挂起朱红果实的那株柿树，在京城的晴空之下，这树是丰稔的象征，是奉献的象征，象征着作家年年都要在他的创作之树上结下累累硕果。我从少年时代就读过老舍的作品，当然，容易结交成为朋友的是小坡、牛天赐这些“同龄人”；然而，对“哲学家”老张、可爱的祥子与虎妞儿等活灵活现的人物形象也不无感受。

30 年代、40 年代之际，上海有一家万象书局印行过一套当代二十位作家的小说选集，鲁迅、丁玲、王统照、张天翼、叶绍钧、冰心、沈从文诸家各有一集。老舍先生的短篇，大多是从他那一集中拜读的。他那时不过是“人到中年”吧，写作的果实已是累累于枝头了。新中国成立之初，先生应

* 沈彭年，天津人，曲艺作家、评论家。燕京大学肄业。长期从事曲艺理论研究工作，曾任中国曲艺家协会研究部主任、中国艺术研究院曲艺研究所所长。著有《晴雯传》等。

党的召唤由海外归来，你看，《龙须沟》《春华秋实》《茶馆》《女店员》《神拳》《全家福》《方珍珠》等这么多的剧本问世了，演出了，轰动了，有的演到国外舞台上去了。还有若干鼓曲、相声、散文、杂文作品、小说，数不清的硕果！还做了不少工作：刊物的领导工作，相声改进小组的倡导工作，文艺新人的辅导工作。

于是，怀念起老舍先生时，往往联想起小庭院中那株柿树。一个深秋时节，为《曲艺》约请先生写稿，又走进了这个小庭院。著名“高派”须生李和曾同志也在，少年时代听他的戏时，还是《甘露寺》《借东风》一路“马派”的戏，不知怎的改了戏路子。寒暄之后，我提出刊物编辑部的请求，舒翁照例慨允。我们这两位来客却不约而同，不谋而合地望着几案上豆青大瓷盘里的清供，叶如盖伞般的大柿子。先生微然一笑，请絜青夫人各赠我们一只。告辞出来，我们都把这带叶子的朱实别在自行车把上。正好同路，经河沿儿，过沙滩儿，走景山东街，向地安门而来。大红柿子的柿子叶迎风而行，像风车似的，我们就好像刚从春节的厂甸满载而归的两个孩子。

（选自《老舍剪影》，载于《不因畏难而搁笔：回忆老舍》，刘未鸣、韩淑芳主编，中国文史出版社 2019 年版，题目为编者加）

放火烧山

沈彭年

舒宅开设过“酒缸”。在正屋东北一隅有一几二椅，壁上挂一幅“琴挑”，是傅抱石画的杜诗“天寒翠袖薄，日暮倚修竹”诗意的仕女画。这里就是舒宅的“大酒缸”所在地。大酒缸是北京特殊格局的一种酒店，大多是山西老乡开设的。店内无桌，有几口大缸，酒客坐在缸旁的凳上，二两一小碗儿的烧刀子和煮落花生、拔丝小枣、麻豆腐拌青豆之类的佳肴都安置在缸盖上。

舒记“酒缸”的酒友只有两名，金受申先生和我。金老是老舍先生亲密无间的好友，也是穷苦旗人“俗等人家”出身，父亲是满族的最下层，在宫里干又脏又累的杂活的“苏拉”。金老自学成才，学业惊人。他考取过北京城的中医第一名，担任过中学的校长，在商务印书馆印行的《万有文库》里有他的《公孙龙子研究》《清诗概论》等著述，还在北京一种综合性文艺期刊《立言画刊》上撰写过长期连载的专栏文章《北京通》。多大的口气！应该说他还是北京的“评书通”，他在这方面的学问渊博，评书老艺人们也是很佩服的。老舍先生对老北京某些风俗习惯，诸如红白喜事、婚丧嫁娶的礼仪细节等，弄不很清楚时，也常常虚心向“北京通”领教。

有时我和金老联袂造访，又不是饭时，往往“大酒缸”就开张了，两位主人是不大饮酒的，只有我们老少二酒徒坐在开设酒缸的小几两侧落座。酒肴则与酒缸不同，苹果、鸭广梨、酥皮儿点心、炸花生豆都会因季节之不同而分别用来下酒。我自己另有酒菜一品，那就是两位前辈谈文艺，说往事，妙趣横生地谈天说地。

三年困难时期吧，我和金老在灯市口一家小店里“痛饮”了酒精、糖精、香精混合而成的“杏仁露”之后，天色已黑。携手步至舒宅，只有二姑娘在家，给我们端来两杯清茶之后，便回到她母亲的画室里温习功课去了。我们两位品茗吸烟，坐了一会儿也就踏着月色各自回家去了。谁知惹下了大祸事，却还不知端的！

第二天，文联茶座里有个集会。看见老舍先生来了，我上前迎候。他微然一笑，问道：“昨晚上你们二位到我舍下放火烧山去了？”我思忖了一下，嗯，准是金老迷迷糊糊地把烟蒂给塞到沙发坐垫的缝隙里去了！我正诚惶诚恐地想说两句什么，先生微笑着缓缓踱步去就座了。过了几天，还是絜青先生告诉我的，幸亏二姑娘闻见了煳烟味儿，当了“小消防”，一盆水熄灭了一场大火！

（选自《老舍剪影》，载于《不因畏难而搁笔：回忆老舍》，刘未鸣、韩淑芳主编，中国文史出版社 2019 年版，题目为编者加）

“农村派”VS“城市派”

沈彭年

说是“吵架”，也许有些夸张，或是有点“言过其实”了。不过据絜青夫人的介绍，两位作家是不止一次地吵过，有时还闹得脸红脖子粗的。结局则往往是不欢而散。“农村派”代表怫然拂袖而去，“城市派”代表则呆呆地坐在那里出神，连起身送客的礼节都忘了，“嗐！真是一对难兄难弟”。

老舍先生诞生于公历1899年2月3日，即清光绪二十四年的腊月二十三日，民间习俗“祭灶王”的那一天，也就是帝国主义，“八国联军”践踏“天京”的黑暗前夜。

树理同志诞生于公历1906年，旧民主主义革命爆发辛亥革命之火的前夕，晚老舍先生七年。

这里的“难兄难弟”，首先用的是这句成语的第一义，即弟兄的德才都属上乘的意思。其实，从他们两位在那场浩劫中的遭际来看，用此成语的第二义：兄弟同处患难境地的含义，也是贴切实际的。老舍先生的“骨灰盒”里只是他的一块血衫、一支写过若干篇作品的旧钢笔和一副多年用来观察世情的眼镜，树理同志则有一幅别人为我口头描绘的血泪画图，他是以重病之身从三层高桌上摔下来而猝然去世的。呜呼！

早来人间六七年的“难兄”，辞世也早于那位“难弟”四五年，仍然可以说是联袂而去吧。如果不是“在数难逃”，你们至今携手健在，将为社会主义文明大厦增添多少钢砖铁瓦!

说起他们的“吵架”，无非是因为对一辞一句的评价高低，一个故事的结构如何优选，以至李白、杜甫诗篇的看法分歧而已，却相持不下，认真到不欢而散的程度。絜青夫人说过，不要以为会闹得老死不相往来了，过不了几天，也许第二天，他们又坐在一起谈笑风生了。由于少不更事，曾经向老舍先生打听过有无“吵架”之事，当然是绕着弯子问的。他微然一笑，顾左右而言他去了。

（选自《老舍剪影》，载于《不因畏难而搁笔：回忆老舍》，刘未鸣、韩淑芳主编，中国文史出版社 2019 年版，题目为编者加）

马莲

沈彭年

多年来，受老北京人特别是北京老人的启迪，养成了朱子《治家格言》中所说“黎明即起”的习惯。无论冬夏，无论阴晴，黎明之前即起身“上班”。米粮库胡同小住二十八年，以冬季为例，天刚蒙蒙亮，出胡同东口向南一拐，景山之巅的万春亭背影隐约可见；向东向南，才出东街，七十二条脊的河上角楼身影已朦胧在望；再向南行是沙滩红楼，它东南角落一层的三间小室曾是两位革命巨人工作过的所在。东行至河沿儿，向南一折就是奶子府的西口了。美好的记忆不少，包括一路上能喝到热豆浆，吃上烫嘴的肥胖油条，到文联大楼打上头壶开水泡茶等等。深刻的印象并非这些。

一个冬日的破晓之前，骑着车刚进了奶子府的西巷口，影影绰绰地迎面走来一个老头儿，穿着一件比“二大棉袄”长些的短袍，左手拄着手杖，右手提溜着一串儿，大概是“焦圈儿”，那一定是马莲草穿起来的一提溜儿。再近些，看得出头上戴的“吕宋帽”似的毛线帽子，压着眉毛，低着头，踽踽而行。擦肩而过，心想这是一位地道的老北京人。起这么早，买上几个焦圈儿，到家再热上碗豆汁儿，其乐也无穷。

忽然感到那位老人的身影有些眼熟，闸住车子望去，只见老人已走进路北的那条小巷。没错儿，是老舍先生自己买早点去了，那是一串焦圈儿，那是用马莲穿起来的。偶然读到一部辞书中“马蔺”一条：

马蔺也叫马莲或马兰，花紫色似菊花；叶的边缘有锯齿，富于韧性，可以用来系物，可以造纸，根可以制刷子。

马莲，原来你有这样多的奉献！老百姓不叫你“马蔺”，把你的名讳与出淤泥而不染的荷花联系到一起，叫作“马莲”；又与“兰为王者香”的兰草联系到一起，叫作“马兰”。你的花又与傲霜寒的菊花神似。你的叶呢？富于韧性，还有参差的锯齿！

后来，有时眼前浮动起那位北京老人在胡同里踽踽而行的身影，进而联想到那系着一串焦圈的马莲。

（选自《老舍剪影》，载于《不因畏难而搁笔：回忆老舍》，刘未鸣、韩淑芳主编，中国文史出版社 2019 年版，题目为编者加）

一篇贺词

沈彭年

1950年创刊的《说说唱唱》于1955年停刊后，《曲艺》于1957年创刊。任主编、副主编的赵树理、陶钝同志派我去约请老舍先生给刊物写个发刊词。他们拿的这个主意是对的。当时，作为国内外知名度很高的小说家而又热心曲艺工作的作家，只先生一人而已。先生听到这一约请之后，微然一笑："好吧，明天来取稿子。"这篇发刊词题名为《祝贺》，刊登在1957年2月28日出版的《曲艺》双月刊的创刊号上。全文约八百字，言简而意赅。

关于曲艺创作，《祝贺》里提到相声新作的成绩可喜，而韵文曲词则较为逊色。这个看法是符合实际情况的，也可以说至今依然如是。文章还精辟地论说，"曲词是在旧体诗词与新诗歌中间的一种形式"，希望曲艺韵文作品能"上通古典诗词，下接白话诗歌"而"另树一帜"。希望刊物努力组织作家写出好的曲艺作品来。这里有一个"诗眼"，即"作家"二字。把相声、牌子曲、大鼓词、弹词、评话的作者称呼为作家，大概首见于此《祝贺》一文。其时作为文学殿堂作家协会成员而又从事曲艺创作的，先生和树理同志之外，还有诗人王亚平等数位而已。

《祝贺》一文对如何进行传统说唱作品的整理修订工作，即"对许多为人民所熟悉的""唱本"，怎样"加以改造采用"，也有精当的见解。老舍认为，刊物要亲自动手并发动别人去搜集整理前人留下的珍品，首先应当抢救老艺人们心中的活东西；搜集曲艺唱词别忘了它的音乐，因为曲词离开了音乐便已死了一半！关于传统曲艺作品的整理工作，他有句语重心长的话：别马马虎虎地动笔就改！

先生溘然长逝二十年于兹了，这些话已经讲了三十年于兹了，今天复习起来仍然觉得活泼泼地有着现实意义。这些话是在具体阐述党的“百花齐放，推陈出新”的文艺方针，符合1951年周恩来总理签发的关于戏曲改革工作的指示精神。

《祝贺》开头就说，希望曲艺这种说唱艺术“成为百花齐放中最美丽的花朵”。老舍先生，你这一美好的愿望必将在祖国明媚的春天里逐渐实现。安息吧！

（选自《老舍剪影》，载于《不因畏难而搁笔：回忆老舍》，刘未鸣、韩淑芳主编，中国文史出版社2019年版，题目为编者加）

鱼与渔

刁 锋*

著名文学家老舍，是一位具有深厚的民族文化基础而又兴趣广泛、知识渊博的作家。他对戏曲、音乐、绘画都很爱好，对中国画更特别欣赏，而对白石老人八十岁以后所作的画简直可说是爱之入迷。老舍与齐白石，一个是作家，一个是画家；一位是当代的语言大师，一位是当代的艺术巨匠。二位互相倾慕已久。老舍自新中国成立初期从美国回国后主持了北京市文联工作，他与白石老人在 1950 年 5 月召开的北京市第一次文代会上相遇后，就经常去看望老人，日子一长，二位也就成了契友。

1951 年春，有一天老舍来到市文联（霞公府 15 号）。在东跨院楼下主席办公室写字台前坐下，便和我聊起，北京有些国画家，新中国成立以后生活很困难，看看想点什么办法帮助他们解决目前的生活问题。我便提出自己的设想说："可不可以把他们组织起来，发挥他们的一技之长，以求自救。当然市文联从团结他们出发，四时八节给他们送点礼，发点救济金，是应该的，但也只能解决他们暂时的问题，从长远看还是组织起来，按照他们自己的能力就业自救，是否比较可行？"

* 汪刁锋（1918—2010），笔名刁锋，安徽全椒人，著名木刻家、画家，中国早期木刻运动的创作者和推动者。中国美术家协会会员，中国版画家协会副秘书长。主要作品有《高尔基像》《嘉陵纤夫》等。

老舍沉吟了一会儿，“噢”了一声，说：“现在我们正在搞社会主义宣传教育。有些国画家的画路很窄，有的一辈子只会画梅花，有的只会画老虎，有的专攻山水，有的只能画仕女。要他们画现代人物，那可就不行了。因之，这类画家的出路十分困难，而他们却三天两头来求我。他们听说我喜爱白石老人的画，便源源不断地把白石老人的画送到我家里来求我收藏。开始盛情难却，我也就收买了一些。日子长了，人来多了，真的假的都拿来了，而我也就应酬不暇了，有些画我也分辨不出真假来。我只好去请白石老人过目，由老人自己鉴定。其中有一幅紫藤蜜蜂，老人看了又看，说这是他八十岁以后的作品，并且又重新在画上题了字，并署上白石重见旧作的款识。”老舍又说：“将来可以成立一个国画研究会，吸收这些国画家参加，也可以组织他们搞点工艺美术产品，像画书签、灯片等。”

这以后，老舍驱车去西城跨车胡同看白石老人，时常约我同行，当时我也乐意随同去拜访白石老人。

（选自《与齐白石的一段交往》，载于《不因畏难而搁笔：回忆老舍》，刘未鸣、韩淑芳主编，中国文史出版社2019年版，题目为编者加）

知我者，老舍先生也

刃 锋

记得我第一次随同老舍去拜访白石老人的时候，是1951年初夏的一天上午。齐府上看门的那个黄面皮的老头以及服侍老人的中年女看护，看到老舍是熟客，便把我们一齐领到白石老人的客厅。白石老人见我是一位生客，便问："老舍，这位先生是谁？"老舍即刻介绍说："这是我们市文联的一位木刻家、画家刃锋同志，他多年从事木刻和绘画。"老人接着问道："是不是雕花细木活？"老舍解释道："不是。他是把画稿画在木板上，雕刻出来，然后再把它拓印出来，叫作木刻版画。他与您老年轻时候所从事的细木雕花活可不一样。这是一门新兴的艺术。"老人听了，注意地看着我，微微地点点头，"啊、啊"几声。

白石老人很高兴，他把挂在裤带上的那一大串钥匙拿出来，打开橱柜，取出一只匣子，把点心从中拿出来，然后放在一只瓷盘里招待我们。这时老舍低声示意我说："老人拿出来请你吃的东西，你要吃，不吃他会不高兴的。"于是我顺手拿了一块饼干放进口中，大概时间久了，饼干已经变硬了，咯嘣一下才咬动。老舍带来几幅画，有残荷蜻蜓、牵牛、墨蟹等，请老人鉴定是不是他七十以后的作品。老人一一仔细看了，有几幅，老人说是他画的，也有一两幅老人指出是别人代画的。鉴定完作品之后，老舍对白石老人说："老人，您的画不但咱们中国人喜欢，外国朋友也十分喜欢，他们对您也非常仰慕。新中国成立了，您的画也受到了国家的尊重，再也用不着到处奔波了。将来国家还要把您的杰作收藏到国家博物馆里，好好保存起来，流传后世哩。”

老人听了高兴地说：“知我者，老舍先生也。你是我的知音，我非常感谢你对我的友情。老舍先生，我要向你磕头。”

老舍哈哈一笑，接着对老人说：“找一个天气好的时候，我约老人去中山公园的来今雨轩喝茶，吃点小吃。改天我用车子来接您去，您可以去吗？”

老人嘻嘻笑道：“好好，我从命。”

（选自《与齐白石的一段交往》，载于《不因畏难而搁笔：回忆老舍》，刘未鸣、韩淑芳主编，中国文史出版社2019年版，题目为编者加）

老舍的考题

刃 锋

1951 年初秋的一天上午，我去看老舍。一进客厅，一阵花的幽香扑鼻而来，真可谓沁人心脾也。我问了一声：“舒先生在家吗？”老舍便从西边的书房兼卧室里走了出来。他手上还捏着几张稿纸。我在他对面的沙发上坐下，老舍指着手里的稿纸对我说：“我正在给白石老人寻找画题，刚巧我在阅读苏曼殊的诗词，顺便摘录了几段，你看看选得如何？”

我接过手来一看，原来那上面是节录下来的一些诗句。如：“凄风苦雨更宜秋”；“芭蕉叶卷抱秋花”；“手捧红樱拜美人”；“几度寒梅带雪红”；“蛙声十里出山泉”。我读了之后，觉得这几句诗选得很有意思，不一般化。我诙谐地说：“你这几道题，也是对白石老人的一场考试哩！”老舍哈哈一笑道：“这个难不倒白石老人，老人不仅是个画家，还是一位诗翁哩！”

几天后的一天上午，我和老舍一同乘车去看望白石老人。不一会儿，汽车开到了胡同口，我们下了车，沿着胡同来到白石老人的家门前，叫开了铁门，便向后进正厅走去。这儿坐北朝南的一敞三间房，东面是老人的卧室，中间和西边的通间是老人的客厅兼画室。这时只见白石老人正站立在画案一边悬肘作画，周围是他的女弟子们，当时有胡絜青、郭秀仪、张容玲、郭肖清等。此外还有一位中年男子，正在给白石老人理纸，他是李可染。老人戴上双重眼镜，正聚精会神地画一幅写意樱桃，樱桃画得既水灵又透亮。托放樱桃的圆盘似粗笔蘸墨一挥而就，显得雄浑有力。李可染看出这是一幅佳作，便对老人说：“老师，这幅画给我了。”老人透过镜片抬头望了一眼未说话，便又着手画第二幅梨花春意图了。刚画完，郭秀仪接着便说：“老师，这幅画我要了。”不大工夫，老人画了四五幅画，都为在场的弟子们收藏去了。

这时老人开始休息，他坐在躺椅上一面休息，一面和老舍说话。老舍坐在靠近老人的一边，从口袋里掏出那张摘录的诗笺，并从西服里兜取出一叠人民币送到老人面前，乐呵呵地说：“老人，这是我刚收到的一笔稿费40万（折合改币后的40元），请老人喝茶买点心吃。另外我还摘录了几段诗句，求老人画几幅诗意画哩！”

白石老人接过诗来，通篇看了之后连声说：“好！好！老舍先生，你非常有眼力，选的几句妙极了。诗中都寓意着很生动的画境，我一定好好地琢磨。”

老人一面看，一面低吟道：“‘凄风苦雨更宜秋’，这个‘秋’字是诗眼，我要把这个‘秋’字托出来。‘蛙声十里出山泉’，这幅画可不好落，首先要把这蛙声十里画出来全盘才活。画是无声的诗，但要表达出画本无声胜有声，才有意思，这是个绝活。”

再往下看，老人说道：“‘芭蕉叶卷抱秋花’，这句诗巧，诗的本身就是一幅画。‘几度寒梅带雪红’……”看到这里，老人已有几分倦意，也渐渐迷糊了。老人靠在躺椅上闭目养神，一会儿，便鼾声如雷地入睡了。

这时已近中午，为了让老人好好休息，我们便悄悄告别了白石老人的画室，登车返回了。

北京的秋天瑰丽宜人。一天上午，我正在群众艺术馆的三楼（文联宿舍）里关着门作画，忽而仿佛听到手杖有节奏地撞击楼梯的咚咚声，而这声音已渐渐地接近我的房间。我立刻搁下笔开门迎出去，原来是老舍先生，拄着手杖一步步地朝我这边来了。

我笑着说：“舒先生今天怎么得闲出来走走？”老舍说：“在书斋里待腻了，便想出来走走，看看老朋友嘛！”我说：“请您坐下歇歇。”老舍坐在我的转椅上，转过身来，正对着墙上晾着的那几幅马。老舍端详了一会儿，指着画对我说：“刃锋，你何必画悲鸿的马，悲鸿自己画的马四条腿也未安排得当；诚如郑振铎所说的，‘悲鸿的马总是三条腿，总是有一条腿画不好’。”我听了老舍的批评，便为自己辩解说：“我是在练工笔，也不是专学徐先生的马。我不是也在学习白石老人的用笔用墨吗？”我便从桌上翻出几幅画，一幅是葡萄，一幅是棕榈小鸡，一幅是残荷。这是我照着不久前从荣宝斋经理侯恺那里借来的几幅齐白石原作临的。老舍看着画说：“你这几张要比那马画得好。还是多向白石老人求教，老人功力深，差不多画了六七十年，向这样一位老画家借鉴求教是非常难得的，这比你闭门画马要有意义得多了。”老舍停了一会儿又问道：“端木在家吗？”我说：“在，他未出去，就在我的隔壁。”于是我们便走进端木蕻良的房间里。

端木正在书案前写京剧剧本，桌上堆放着许多参考资料。老舍对端木说：“我今天特意来看看你和刃锋这两位老朋友，大家碰碰面聊聊天。”老舍告诉我们，今天早晨白石老人的女看护给他打了个电话，说是老人在家发脾气，这几天又吃得不好，又没有人来看他，他在家里生气。老舍接到电话之后，便给文联挂了个电话，叫秘书在萃华楼订了一个房间一桌菜，约白石老人来萃华楼便餐。老舍对我们说：“一会儿咱们一起到东安市场萃华楼去吃饭，人不多，就咱们几个人。主要是请白石老人，请你们二位也去作陪。”

于是我和端木、老舍三人一路走，一路聊天，不知不觉地已经到了东安市场，来到萃华楼后院预订的那个包间。老舍是主人，作陪的除我们两人外，还有文联副秘书长王松声、胡絜青大姐以及老舍的小女儿舒立。不大一会儿，文联的汽车把白石老人接来了，陪同老人来的还有那位中年女看护。大家围坐在一张大圆桌的周围。白石老人坐在首席上，着一件中式玄色长袍，手持朱漆拐杖，鹤发银须，颇有点儿仙风道骨之感。

老舍首先说：“今天我们特地约几位朋友来请老人小聚，在座的有作家、画家、戏剧家，他们都景仰老人的艺术。还有一层意思，作为我对老人为我作画的感谢，让我们大家一起为老人健康长寿而干杯！”老舍举起酒杯，大家一同起身举杯向老人敬酒，老人也站起身来举起酒杯呷了一口，便说：“老舍先生，我要特别感谢你，我要向你磕头。”逗得大家哈哈大笑。老舍十分尊重白石老人，老人也非常尊重老舍先生，他把老舍看成是知音。老人常说的一句话：“老舍先生，我要向你磕头。”这表示老人的感激之情。

老人已九十二高龄了，然而他的视力、听觉都很好，对于常去看他的人大多都能认识。老人臼齿也很好，在这次的筵席上，老人特别爱吃松鼠鱼。松鼠鱼做得外焦里嫩，老人吃得很香，连胡须都沾上了油汁。老人是湖南人，很爱吃点辣味，对萃华楼的名菜芙蓉里脊也很感兴趣。饭后喝了点茶，端木和松声有点事先走了。最后由老舍用汽车送白石老人回跨车胡同。

我们尾随着老人一同走进客厅，白石老人很高兴地从画案下的抽屉里取出一卷画来，展卷一览，则别有一番风味。第一幅是“芭蕉叶卷抱秋花”。画面上是一株硕大的芭蕉，层层叶片有规律地卷抱着一枝尚未开放的黄色花蕾。章法简洁有韵致。老人指着画说：“老舍先生出的这个题在‘卷’字上，使我感到为难了，但不知芭蕉是向左卷还是向右卷。后来经过我仔细地观察，原来芭蕉是向着日光的方向卷，于是我得到了启发，终于把‘卷’字和‘抱’字画出来了。”

第二幅是“凄风苦雨更宜秋”。画面上是一幅秋江烟雨图。风把柳叶推到一侧，在绵绵的秋雨中一只小舟逆着风雨缓缓地驶去，老人用他特有的笔法和线条，把诗中的意境烘托出来了。

第三幅是“手捧红樱拜美人”。老人画了一只长颈花瓶，白底黑花，瓶的正面画着一条昂首挺胸张牙舞爪的墨龙。瓶口插上一束盛开的折枝樱桃花，右下方是一只圆盘，盛着满满的樱桃。盘托是用粗笔蘸墨画的，真可谓诗传画意、画解诗神了。老舍看了满意地连连叫：“好！好！”一般的画家作画多半求熟，而老人却求意。白石老人琢磨出来的画，使你越看越觉得有味儿。

又一幅“几度寒梅带雪红”，是四尺整纸的，白石老人善于在大的尺幅上发挥他的气势，并且处理得浓淡疏密相宜。这是一幅雪梅，在老干和交叉枝上落着厚厚的积雪，在积雪和枝干的下面，突出一枝怒放的红梅，不由得使你联想到梅雪争春的诗句来，诚可谓诗中有画、画中有诗也。

最后拿出来的是一张四尺对开的条幅“蛙声十里出山泉”。白石老人略带几分得意地说：“老舍先生，你选的这句诗，我思索了好几天，不但要画出蛙，还得画出声音来。画，古人说是无声的诗。我怎样从画面上画出声音来？还得有十里之遥，这可难倒我了。最后我悟出道理来了，我用蘸墨湿笔，画出两山之间的一道流泉，倾泻而下，势如奔马，何止十里！一群蝌蚪顺流而下，在泉中嬉戏，这儿你不是也可以听到青蛙妈妈在召唤它的子女的呱呱声么！”

老人兴致勃勃地谈论他的创作思想，老舍聚精会神地听。听到精彩处，老舍情不自禁地伸出大拇指称赞道：“高！老人的见解高！这句诗给您画活了！”

（选自《与齐白石的一段交往》，载于《不因畏难而搁笔：回忆老舍》，刘未鸣、韩淑芳主编，中国文史出版社 2019 年版，题目为编者加）

第四章
曹聚仁：划过生命的海

绿茶、零食和书

邓珂云*

我的丈夫是教书和写文章的。他生平有三样嗜好，既不是烟，也不是酒，他一口烟也抽不来；喝一杯酒，就会醉的。这三样嗜好是：绿茶、零食和书。每当他从外面回来时，手里袋里，包的卷的，尽是些吃的看的。吃的，他是和家人孩子们分享的；看的，他却要独吞了，我只能分享到他所剩余的，或要等他看过了，才肯给我看。

他写稿子时要喝很浓的、浓得发苦的绿茶，看书时也要喝这种茶，没有茶，就像失掉了什么似的，淡了也不行。一杯浓茶，一本书，他就“万事莫管”了。每买一本新书来，他就一口气要把它吞下去，于是吃饭也看书，上厕也看书，走路也看书，睡觉也看书。有一次，他买了一本刚出版的什么杂志，在南京路上，一边走，一边看，让一辆驶过的汽车里的司机大骂：“猪猡，走路也看书，性命也不要吗？”抗战时，我们旅居在江西赣县，有一天，给他买到了一部密西尔（M. Michell）的《飘》（即电影《乱世佳人》），这奇迹给发现了，可不得了，他一连看了两个通宵，把它吞完，看得昏头昏脑，吃饭都不知吃的什么菜肴。又有一次，我忘了是什么书了，他也看得发狂了，

* 邓珂云（1916—1990），上海人，曹聚仁第二任妻子，高中就读于上海市立务本女中（现上海市第二中学）。1934年秋，曹聚仁到务本女中当国文教师时二人相识，四年后在抗日的硝烟中结为伉俪。

我刚好有事要和他商量，一次两次，他都嗯嗯唔唔的，最后我急透了，把他手中的书夺来撕成两半本，他才恍然大悟，从梦境中回到现实来。

（选自《我的丈夫与书本》，载于《回忆曹聚仁》，上海市政协文史资料委员会、上海鲁迅纪念馆编，中国文史出版社2018年版，题目为编者加）

我的丈夫与书本

邓珂云

他有一个怪癖：不爱看借来的书，他说："借来的书，看起来不够味！"凡是坊间新出了一种书，只要他认为有价值而买得起的话，他一定要去买来。于是我们书橱里的书，就与日俱增。书橱放满了，在墙壁上装起书架来；书架上放不下了，又在房门上面钉起搁板来；陈列不下了，于是堆起来，床底下，门背后，厕所里，处处皆是书！

我的丈夫是研究历史学和文学的，可是他的兴趣范围却很广泛，在我们的书堆里有哲理的、军事的、经济的、社会科学的、文学的、美术的、医学的（其中又有中医和西医的）、科学的各种各类的书。有洋装的、有线装的、有原文、有译本、有木刻、有画本、有辞书、有字典等各式各样的书。（是百宝箱，也是垃圾堆。）杂志方面，近来的《世界知识》《文摘》《时与潮》《观察》等，不用说是他的老朋友；其他《大众科学》《新闻季刊》一类，也每期必买。哪一本杂志，星期几出版，他是记得清清楚楚的。最近我为他整理书籍，就有七八十斤的杂志清理出来。和书籍孪生的报纸，在我们家里也如洪水一样，源源地进来；以前每天有十几种报纸从天南地北，由报贩由邮差送来，不上一个星期，写字台下就会堆得伸不直脚。这些书报，每为过门的收旧货的所留恋，他们常用羡慕的口吻说："这么多旧书烂纸，堆着占地方，卖了吧！""书报愈放愈旧，为什么不卖了？"不开书店而满屋皆书，在他们想来，真是奇事。有的则自作聪明，判定我的丈夫是做医生的，不然的话，为什么会有这么多的《内科概要》《小儿护理学》《盘尼西林的故事》一类的书，竖在书架上呢？

他不但爱买自己看的书，还要“贻害”于人，大量购买孩子们的书。抗战时，内地交通不便，物资缺乏，他会从衡阳去买书回赣州来给三四岁的雷女看。等到胜利回沪，孩子们的书就有一大筐，他也不辞辛劳地将它和行李一起运回来。我的大女儿也是书呆子，一书在手，天塌下来也不管了，常常躲在屋角里看书而找不到她。二孩是个顽皮大王，但有书则天下太平。五岁的幼儿，看起书来，把所有的书，都从小书架里拉出来，堆在地上，自己坐在书堆里，可看上一两个钟头，待兴致过了，就拍拍屁股去玩了，于是我得为他整理起来，重新放好。所谓“贻害”者，此也。

真的，许多人都不相信，我丈夫这些书，是属于一个人所读的，但我可以作证，它们绝不是放着做装饰品的，他确是每本每种都看过的。有的书，如尼采的《苏鲁支语录》、小泉八云的《心》、莫罗亚各种传记、《红楼梦》等他所心爱的著作，每年都要温习一两遍的。自从去秋，他为了生活，到香港去了后，常常写信来说，“最近我需要一些历史书”，或“为我检一批新闻学的书来”……我就要遍历他的书架，找出来这一批批书，称好重量，包装好，寄去。最近为了寄书，还遇到了一件小小的趣事：我送了六包书到邮局去，验阅处的检查员多方地留难我，说只好寄三包，另三包要我带回去。他还冷言冷语地说：“这些绝不是参考书，什么《医学与人类》也有，《谁能在俄罗斯快乐而自由》也有，杂七杂八，什么都有，假如是一个人所用的参考书，那人可真了不得呢！”原来这位先生断定我，是收买了这些旧书，寄到香港去开旧书店或摆旧书摊的，我真又好气又好笑。后来他忽然瞥见了包扎纸上收书人的姓名，和每一本书的扉页上我丈夫的图章，他马上转了弯，客客气气地让我把六包书一起寄了。这个突变，不用说他了，连我也觉得不好意思呢！

说起购书藏书的历史，我的丈夫就会伤心的。他最初的一批藏书，据说有两屋子之多，屋在真如暨南大学附近，在“一·二八”之役，为日军全部焚毁。以后每年添购，到抗战前夕，又有不少了。“八一三”战事起来，为了怕再遭殃，他就挑选了些精华，装了二十多麻袋，交运输公司搬运到家乡浦江（现属浙江兰溪）乡下去；他的老母亲把这些儿子心爱的书籍安藏在地窖里；谁知那年敌人攻陷浙东，家乡沦陷，敌人放火烧屋，全部书籍与屋俱毁。一部分留在上海来不及运走的，是我替他安排的，共分四处寄放：一处是《社会日报》陈灵犀处，一处是我的亲戚家，那时他们从虹口逃难到租界里，住在某银行大厦的五层楼上，那些书，费了九牛二虎之力，搬到上面去的。这两处的书，虽不免零星失散了些，但总算保存了一点。另一处是我的妈妈家，日军占领租界那一夜，我的弟弟和妹妹（他们都是激烈的抗日青年）连夜检点书籍，把“左倾”的激烈的，一包包偷偷地在黑夜里丢到荒地和垃圾箱里去。书以外，还包括鲁迅、茅盾、徐懋庸和周作人等人宝贵的书信，一部分则塞在抽水马桶里。另一批书是寄放在某书店里的，书店受敌人压迫，老板生活困难，我们的书，给他摆地摊卖掉了。战争中，我们在东战场各城市旅行，书籍愈带愈多，因旅行不便，随处丢了。后来旅居赣县五年，又积了一大堆书。1944 年冬，敌陷赣县，我们人和行李尚未逃避，书籍却先装了七八大篓，托人东运到上饶。胜利以后，又辗转水运抵沪，又不免散失了些。这些就是现在书架上那批又黑又粗的土纸印的书籍。新中国成立前的几年，物价日日飞涨，生活艰苦，但书是第二生命，它像粥饭一样是必需的粮食，我们仍陆陆续续地添购着，又不觉是满架满阁了。

我的丈夫虽爱书，但有时也不免为书所苦。譬如战争一起，自己还不知应如何安排呢，却先要安排这些又重又笨的旧书。生活困难的时候，它又变不了钱；太平时，卖给旧书店里，一斤斤当纸称出去，看他们一本本转卖出去赚钱；乱世时，连旧书店都不收，那只好卖给大饼店里去包大饼了。（天呀，不管是罗素的《自由与组织》也好，哈代的《苔丝》也好，他们都要一张张拆下来，去包大饼的！这样的话，我们是宁可挨饿的！）

在我们的箱子里，没有一件值钱的衣服；在银行里，我们没有一个钱存款；我们每月的收入，要支出百分之三十去购买书籍。书籍就是我们的财产，我们的财产，就是人家所称的“废纸”。

时代变了，购置藏书，本是属于资产阶级的一种精神享受，我的丈夫，今后也会改变他的这种嗜好了吧！我愿望他！

我的丈夫，也许有些读者对他很熟悉吧：他的笔名陈思，原名曹聚仁。

（载于《回忆曹聚仁》，上海市政协文史资料委员会、上海鲁迅纪念馆编，中国文史出版社2018年版，有删节）

织女从天外飞来

曹 雷*

从60年代起，父亲在香港就住在大坑道（街名）一幢四层楼房房顶平台上搭出的两间小屋里。楼旧了，他那两间小屋更是逢雨就漏。房东要把楼拆了，用这块地皮造高楼；父亲就想把家搬到澳门。一是母亲进出澳门比较不引人注目，好去照顾他；二是他自己的行踪也可避港英当局的耳目。1972年五六月间，他在澳门租下两间小屋，把一部分书籍文稿搬了过去，谁知还没安排妥帖就被送进了澳门的镜湖医院，再也起不来了。

医生检查出我父亲的病是骨癌，脊柱已有多处病变，但他自己却浑然不知，只当是风湿痛。给我母亲的信上，总说住几天医院后就会好起来，待秋凉后把租下的房子收拾好，就接她去。这个情况，已经被中央知道了，被周恩来总理知道了。6月的一天，尚在上海的母亲被告知我父亲病重，要她尽快去澳门。两天之中，她就办好了一切手续南去了。到了澳门，她直奔医院，躺在病床上的父亲看到她走进病房门，意外至极。他在给我的一封信（也是

---

* 曹雷，曹聚仁长女，1940年生，浙江浦江人。1962年毕业于上海戏剧学院表演系，留校任教。1965年入上海电影制片厂任演员，先后在《金沙江畔》《年青的一代》等影片中饰演主角。1982年起任上海电影译制厂配音演员兼导演，为《非凡的爱玛》《爱德华大夫》《国家利益》《最后一班地铁》等译制片中女主角配音，并担任《斯巴达克斯》《战争与和平》《看得见风景的房间》《柏林之恋》等译制片的导演。

他给我的最后一封信）上，用抖抖索索的笔迹写道：

“织女（我母亲邓珂云原名邓织云，此处有双重意思）从天外飞来，我这个卧床牛郎，不惊（禁）狂惊而哭笑交并了。这是诗的境界，我可没做成诗。”

以后的一个多月，母亲一直在他身边照料。他还常挣扎着要给报社写稿。他为自己准备了一块黑色的夹板，夹着纸，举在眼前，悬腕而作。这个形象，我是从他留下的两张照片上见到的，这是他最后的照片。但是不久，他再也写不动了。

妈妈到他身边后，他躺在病床上，和她谈了很多。二十多年来，他和我们天各一方，只靠鸿雁传书，夫妻间能这样畅谈的机会很少很少，不想这难得的机会，竟成绝唱。他谈到自己几本书的出版情况，难以释怀。一本是《中国现代剧曲影艺集成》，那是他将二十多年来收集的有关新中国舞台、电影方面成就的资料，加上他自己的评论，编撰成的一本大书。说“大”，也确实是“大”，一部四开本，有两千多幅照片图片，二十多万文字的书，单重量就有十四五斤。但它的分量不仅在此。70年代初期正是神州大地上的百花都被扣上“毒草”的帽子大加挞伐的时期，父亲却不顾一切地把这些“批判对象”辑成书出版，还手书前言加以赞美。他称这本书是“一部伟大时代的剧曲艺术图片实录”。他要把它们“公之全世界学术文化界——高山流水，以待知音”。他对我母亲说，他要把这本书送给毛主席。这可以视为我父亲对这场他并非十分了解的“文化大革命”的态度。那以前，他也曾在给我的信中说过：“那部大书，目前你不一定看，10年后，你必须看一遍，才知道我用心力之勤之苦……”另一本是《现代中国通鉴》，他为这部史书的写作和出版，已做了多年的积累和准备。他自称不是文学家，这些年爬格子，也只是为糊口养家，而真正想做的是一个史人。《现代中国通鉴》在他的计划中共有五卷，第一卷——甲编已出版，乙编的史料他说还不齐，而丙编的资料却已齐全，他正在着手写。他搬到澳门来的这批书，差不多大半是为写这部书而用的参考材料。他想不到最终他是连丙编也来不及写完了。而他的那部自传《我与我的世界》第一部分正在排印中。这部分写到1932年为止，也就是“一·二八”淞沪战事以后，第二部分业已完成，写到1937年抗战爆发的前夜。这部分尚未付印。（1983年，北京人民文学出版社将这第二部分与第一部分合成一册出版了）而第三部分，写的是抗战期间他作为战地记者的生活，正在香港《晶报》上连载。但写了十万多字以后，他已无力再写下去。5月，《晶报》上登出声明，“此专栏暂停”——其实是永远地停了。他连第一部分的出版也没能看到。他的自传没有写完，这对他，对希望研究他和他的世界的后人，都是永远的损失和遗憾。

病中，他也对母亲说到另一桩事，他曾为此奔走多年，却没能完成的大事——国家统一大业，这更使他耿耿于心。我们知道父亲从50年代起就担当起毛主席、周总理托付的与台湾当局牵线搭桥的工作，他感觉到自己的身体已很难将这工作再继续下去，急着想物色能帮助他工作的人。父亲一腔爱国热情，确实借着他在香港的特殊地位以及多年从事新闻工作而建立起来的人际关系，为祖国统一做了很多工作。蒋经国在晚年能提出希望与大陆在某些方面相通，不是没有前因基础的。

到7月中旬，父亲的病情急剧恶化，神智也时清醒时迷乱。母亲后来悄悄告诉我们，那时常听父亲在似睡似醒时喊要见毛主席，说有要紧事告诉他。醒来又诉说，梦中坐船在大海上漂。

（选自《父亲最后的日子》，载于《回忆曹聚仁》，上海市政协文史资料委员会、上海鲁迅纪念馆编，中国文史出版社2018年版，题目为编者加）

父亲生前身后事

曹 雷

1972 年 7 月 20 日前后，我在上海接到母亲的电报，说父亲已进入弥留状态。我速召回在安徽黄山茶林场务农的弟弟景行，与我一起去澳门。一切都尽可能地赶紧。23 日，那是个周日，去广州的机票已满，不得已，我们上了火车。在当时来说，火车比第二天那班要中途停几个城市的小飞机要快一些，也保险一些。弟弟从农场出来走得匆忙，脚上只穿了一双解放军跑鞋，当 24 日傍晚我们到达广州时，第一件事就是赶在商店打烊之前抢着给他买了双皮凉鞋。

匆匆吃了些晚饭，我和弟弟就上了车赶往拱北。那时还没有珠海市，一路也没有过河的桥，珠江下游，河道支支汊汊，每逢到河边，就要等渡船。好在渡船没有首班末班，深夜，难得有人过河，船停在对岸，只要一打信号，就会过来渡你。那晚，我们好像一路共搭乘了五次渡船，还赶上了当地夏夜特有的暴雨。雨水像从天上倾倒下来，从车窗望出去，就像隔着蒙蒙水帘，什么也看不见；车灯照着的路面上一片飞溅的水花。但车仍以最快的速度奔驰。司机告诉我们，过了中山县，过了新会县，但是黑夜里，大雨中，已经留不下什么印象了。

离开广州差不多五个小时，我们到了拱北。那时的拱北是个没有几幢房子的边防小镇，海边，种植着一人多高的仙人掌，若有人要想偷渡是很难的。当我们找到招待所住下时，已是半夜12点了。

第二天清晨，澳门方面有朋友来接我们。他带来了噩耗：父亲已于7月23日上午去世了。那正是我们姐弟刚上火车不久，算一下，即使乘飞机，也赶不上与他告别了。我已经12年多没有见到他，缘悭一面，12年前的分手竟成永别，这是我怎么也想不到的！

我们在澳门镜湖殡仪馆见到了母亲和原来就在澳门定居的姑母，她们正在《澳门日报》同人们帮助下布置准备第二天（26日）的公祭出殡仪式。母亲塞给我们一份报纸，原来当天一早的《澳门日报》已经将我们到达的消息刊登了出去。她说，这几天，各种港澳报纸关于我父亲的消息已经登了无数；台湾方面及一些右派报纸借父亲生病和故世大做文章，借此肆意攻击共产党和我们国家。《澳门日报》抢先刊登我们抵达的消息，也是对那些信口雌黄的报纸一个回击。一时间，我似乎从新闻报刊上嗅到了一股浓浓的硝烟气息。

治丧委员会已经组成，由香港大公报社社长费彝民先生任治丧委员会主任。公祭于26日中午12时举行。来参加公祭的150多位各界人士和父亲生前好友中，大半都是由香港专程赶到澳门的。公祭仪式上，费彝民先生致了悼词，我作为家属代表作了答谢词。悼词中突出了父亲在新中国成立以后从事爱国工作，有所贡献。在治丧委员会刊登在港澳各大报的启事中，也强调了这一点。在当时的形势和环境下，也只能说到这一步了。

在公祭仪式上，看到已经合上双眼的父亲，显得那么瘦小苍老，几乎都让我认不出来。分别的十多年中，他和我们，可说都历尽坎坷。父亲，如他给我的信中所说，是甘当一名“海外哨兵”，在香港这个小岛上做个“灯台守”，等待着形势的变化，等待着时机的到来，等待着有一天能看到祖国的统一，那时候，他才可以解甲归田，家人团圆。不幸的是，尽管望眼欲穿，仍是没有等到；到今天，26年又过去了，我也在盼，盼着有一日家祭可以告吾翁。

澳门是个小地方。自“文革”开始以后，大陆去那里的人又极少，很快，澳门人都知道了我们的到来，走在街上，会有不相识的人来向我们表示慰问。尽管我们一到那里，就赶紧去百货商店买衣换裤，但我们的神态、气质，总是与当地人很不相同，也与那些旅游客极不相像。在那个特定的时期，澳门人就像看珍稀人种似的看着我们这三个“大陆来的人”。

澳门是个美丽的半岛。海滩、古建筑、街道，都很漂亮，而且有一种异国情调。这对第一次“出境”的我们，很有吸引力。但是当时，我们实在没有心情去游玩。母亲在感情上更是缓不过来，一个多月来，她已是心力交瘁了。

1972 年，周总理已确诊患了膀胱癌，且因工作劳累过度，病情不断发展；在“四人帮”的不断干扰下，处境也十分艰难。即使这样，他还是关心到我父亲的逝世及身后一些事。他希望我父亲的遗骨能叶落归根，回到大陆；他认为我父亲一生为爱国事业作出努力，死后也应有个盖棺定论，当得上“爱国人士”四个字。这些，周总理当时都有了交代。

遵总理所嘱，我们将父亲的遗体火化（当时澳门并无火化场所，我们是公祭当日扶灵柩送至拱北的火葬场火化的），并整理了他生前移至澳门的所有书籍、文稿，装箱运回。可惜的是，还有一部分书稿尚在香港大坑道他那两间小屋里，不及搬到澳门。那里有多少东西，有些什么，我们也不清楚。7 月，正是台风肆虐的季节，听说那小屋漏雨，许多手稿都浸泡在雨水中，毁了。不久，那幢楼房也拆了，其他的东西，交托给香港的朋友收拾处理了。

父亲的骨灰带回了上海；可是 1972 年的上海，公墓都已在“破四旧”中被拆毁，无土可以安葬，只得托住在南京的叔叔在南京雨花台旁向一个生产队买了一块小小的土坡做墓地。80 年代以来，因南京城建不断地扩展，几经迁动，终于在父亲逝世 26 年后的今天，在上海福寿园选了墓址，准备在 7 月 23 日他的忌日，将他的骨灰迁回上海与 1991 年逝世的母亲一起安葬，真正让他叶落归根。

父亲一生无党无派，在他的自剖中常把自己比作屠格涅夫笔下的罗亭。他知道自己身上有许多旧知识分子的弱点，但在爱国这一点上，他矢志不渝。他生前曾对世态政事发表过许多率直的看法，有对有错，他承认自己会看错说错；但他也表示，绝不故意去说错话，他不作违心之言。陈毅同志看过他不少书，曾说："此公爱发怪论，但可喜。"应该说这话是公允的。正因如此，父亲的处境也往往是左右不逢源的，这使他到香港一开始就受到过来自"左""右"的夹攻。直至今日，在他去世后20多年，还有人在香港报上骂他："亲共没有好下场！"而在上海，也有极个别人仍给他加上种种莫须有的罪名，来证明自己"左"的正确。这些，父亲生前其实早已料到。在他1954年出版的《采访二记》"前记——与长女曹雷书"中，就曾写道：

> 假使我死了，一定有许多人在拍手称快，要运用他们的幻想来构成对我的诬蔑与嘲弄。你们应该知道你们的父亲，只是一个不好不坏，可好可坏，有时好有时坏的人。他所想的所说的大体都是对的，他所做的或许有点儿折扣，社会上所有批评他的话，几乎没有一句是中肯的。他一生是孤独的，但他站在热闹的斗争的边缘上；他最不爱写文章，但他却不能不靠卖文以为活；他从来与世无争，处处让人，不幸却落在最爱相轻相妒的文人圈子里。到了今日，世人怎么样说，过眼烟云，我一概不管；我有了一个生平的知己，你们的妈妈；她是真正了解我的，她会无视那些世俗的议论，把你们父亲的灵魂说给你们听的。

（选自《父亲最后的日子》，载于《回忆曹聚仁》，上海市政协文史资料委员会、上海鲁迅纪念馆编，中国文史出版社2018年版，题目为编者加）

一捆捆的手稿，一叠叠的报……

曹 雷

灯下，我一字一句地看着一份校样，仿佛又听到父亲娓娓地在讲述诗人杜甫晚境的凄凉；仿佛又看到母亲孜孜伏案在查阅杜甫的诗篇。这是上海教育出版社即将出版的我父亲的新书《论杜诗及其他》的校样。其中大部分文字是我父亲晚年所作；我母亲在病中，将这些文稿一篇篇辑起来，一字字校订了，交给了出版社。不想，当校样送来时，她竟匆匆谢世而去。书中那篇后记，是她在医院里口述与我的，该算是我母亲最后的文字吧。

近二十年前，我父亲曹聚仁客逝澳门。我母亲和我在料理遗物时，发现父亲并无留下分文钱财；而一捆捆的手稿，一叠叠的报，就是他最大的遗产。我们将这些手稿剪报尽可能一张不丢运了回来，这份遗产比什么都宝贵。那还是在“浩劫”年代，这些文字是不敢公开给别人看见的，我母亲和我们姐弟悄悄地将它们分别装在塑料袋和大信封里，再堆在几个木箱中，隔些时间扔些樟脑丸进去，却再也不敢打开。

过了四五年，终于到了这些文字可以见天日的时代，我们才把它们搬出来，点点滴滴地开始了整理工作。这些手稿，远不是我父亲著作的全部。他在香港生活的二十多年间，每天写稿不断，写下了上千万字的文章，大多发表在海外报刊上。但香港弹丸之地，房租昂贵，许多书稿无处存放；又因几经搬迁，不少文章底稿都散失或丢弃了。父亲生前最后几年，住在一幢四层楼房房顶上搭出的两小间屋子里，台风季节，屋常漏积水，很多稿纸都被水浸毁了。我们所能带回的，也仅是几分之一了。

父亲生前写稿，从不爱用方格稿纸，到香港后，也不改旧习。他写熟了，心中有数，写专栏稿，总是一张纸写到头，一千字打住。香港纸张也昂贵，他用的是人家公司已废弃的办公用表格纸，论斤称来，反个面写稿。这些纸张质地挺括，但年久易脆，待我们整理时，已有一些碎落裂损了。多数稿件，都曾送报社发表，留下的手稿不少是复写的第二份。这也是我父亲的习惯，一稿两份（有时三份）。所以为了便于复写，他很少用钢笔。记得小时候，我看他写稿，总是用硬笔芯的铅笔；后来，改用刻蜡纸的铁笔。40年代圆珠笔刚问世时，他喜出望外，经常在衬衫口袋里插上一支，无奈那时笔常会漏油，他的口袋下半截就总是带着一摊蓝色的油渍。但那以后，圆珠笔一直是他最常用的笔。由于写稿匆忙（据妈妈说，常是报社来人在桌旁立等他当天的稿件），尤其到了晚年，父亲眼力、体力都不支，字迹相当潦草；年长日久，这些稿纸上笔油和复写的痕印，也变得模糊了。只有经常从来信中看惯了他字体的母亲和我，才能较多地辨认稿纸上的字。这样，艰巨的整理工作，也只能由我和母亲来任主力了。

父亲在海外出版了数十部著作，还先后在报刊上辟有多个专栏，这些书和文章，国内读者很难看到。这些文字，记载了他的经历、见闻，阐述了他对历史、国学、文学艺术的独到的见解，对后人研究他，研究他的时代，研究他同时代人，都是可贵的资料。父亲的文章，曾汇印成书的，印数甚少，现在再要搜集，已是难事；不及成书的，若就这么散失掉，更是十分可惜。

书稿的整理出版中，我们也遇到了一些难题。比如当初整理《我与我的世界》时，国内还没有现在这么开放，在观念上，与我父亲写作时面对的海外读者有很大差别。原稿中有的章节（如第四节《初试云雨情》），谈到了他的爱情生活，涉及了至今还健在的友人，父亲写得很真实坦率，但我们顾虑这会给那些朋友带来可能有的不快，斟酌再三，还是把它们删去了。今天看来，这样的删节也许是很不必要的，将来有机会再增补吧。

母亲去世以后，我望着书橱里一包包有待继续整理的文稿，不由意识到了这工作的分量。我是个从事表演艺术的人，干的是“开口”活，不善于笔头工作。但无论多么吃力，我仍得把这份工作做好，这是我的责任，我当努力。

（选自《父亲的文稿与书》，载于《回忆曹聚仁》，上海市政协文史资料委员会、上海鲁迅纪念馆编，中国文史出版社 2018 年版，题目为编者加）

父亲的梦

曹 雷

如果我对人说，我的父亲——当过国文教师、做过战地记者和报纸编辑，研究国学和历史相当有成就，在文坛上活跃了50年的曹聚仁，曾经憧憬过成为一名演员，一定不会有人相信。在我这个从艺30年的人的眼光来看，我父亲也确不是块演员的料：五短身材，操着一口浙江官话，嗓音也没什么特点，唱什么歌都像吟古诗那样哼哼，右脸颊上还因儿时患牙龈炎留下了一条深深的疤槽（我小时候很喜欢看他有疤痕的这边脸，这给他带来一种特殊的气质。我想象不出没有这道疤槽的爸爸会是什么样）。我父亲一点也不具备演戏方面的先天条件。可要是你当面对他这么说，他就会不服气地叫你去翻翻30年代的《大公报》，上面记载过他如何导演熊佛西编剧的《一片爱国心》，由暨南大学教职员在安亭演出，演得如何成功；他会如数家珍地告诉你，他还排演过抗战剧本《牯岭鬼屋》；写过一首由萧友梅谱曲的抗日歌："枪，在我们的肩……" 真的，尽管我父亲当不了演员，但他真是醉心于戏剧艺术，这份痴迷，有时比我这个当演员的更甚。

我五岁的时候，已经是小学一年级的学生了，被班级推选出来参加全校演讲比赛，讲稿是我父亲为我捉刀的，题目就叫《我要当个演员》。稿子里有两句话，至今我还记得："我要当一个演员，我要我哭，人也哭；我笑，人也笑……" 我的演讲获了奖，一面三角形的奖旗就挂在黑板正上方，挂了一学期。

我不知道父亲当时是不是拿准了我将来会成为一个演员，但我回想起来，这篇讲稿倒是流露出他的一份遗憾——没能成为一个演员的遗憾。他希望女儿能弥补这份遗憾。

父亲对我说起过爷爷，那是个思想开明，却又治家极严的农村学者，从来把看戏跟赌博相提并论，不许家人沾一点边。偏偏我父亲儿时“人小鬼大”，越是大人禁止的事，越是对他有种神秘的吸引力。虽然一生未曾挨过赌桌的边，却在第一次偷偷看了戏后就迷上了戏剧。还一直崇拜那个《桃花扇》里写到过的明末泰州有名的说书人柳敬亭。

抗日战争的烽火年代，我父亲穿上戎装，出入战场，做了战地记者。在写了大量战地通讯的同时，还写下了他的第一部长篇小说《灯》，反映了一群青年人在抗战中的不同命运。40年代初，他在江西，就曾想做一回柳敬亭，用说书形式，讲他的小说《灯》。他计划得很好，每天先评说40分钟的抗战形势，下半场再说40分钟的小说，场子联系好了，海报都贴出去了，不料日本飞机一阵轰炸，把当地的发电厂炸毁了，他说书的计划也一齐给炸掉了。

父亲倒并未气馁。战地采访，使他有机会去到东南沿海和内地的小城、农村，还到了与弋阳毗邻的上饶，到了南曲大剧作家汤若士的家乡江西临川，又在另一南曲剧作家蒋士铨家乡铅山住了些时日，去了徽剧和青阳腔的发源地皖南……所到之处，他必设法看戏：地方剧、采茶戏、木偶戏、草台班，什么都看。并非为了娱乐，而是悉心研究。

也许是受到了父亲潜移默化的影响，尽管在我10岁那年，父亲就离家去了香港，但“要当一个演员”的愿望，却在我心里扎得很深。终于在1957年考入上海戏剧学院。

1962年，我在戏剧学院的毕业剧目《桃花扇》中饰演李香君。当在台上与剧中人柳敬亭对戏时，不由自主地总要想起父亲来。我写信告诉父亲，他激动不已，给我寄来《板桥杂记》及孔尚任曲本，还写了几段《读曲微言》。他对我说：“《桃花扇》乃是我40年前第一回所读之曲本，恰在武昌碰上兵变，仿佛柳敬亭之投辕；十多年前，我又在秦淮河畔，经历了南朝新事。一天下午，G 氏（按指蒋经国）访我于旅次，我反复陈词，说到福王的覆辙，殷鉴不远，谓内战不可不早日停止，终无以改变当局的意向。……”父亲是把戏剧和历史联系在一起来看的，自有比我多一层的感慨。

当我在舞台上，怀抱琵琶，唱起“夹道朱楼一径斜”的时候，远在香港的父亲却不能坐在剧场，看当年的演讲变为现实，感受“座上有人泪如潮”的气氛。父亲的老友，原上海《新民晚报》的老报人唐大郎先生看了我的戏，写诗寄港，题曰《寄聚翁》，谓“老怀愉悦”，并描述了演出详情。父亲百感交集，赋诗答云：

> 兹亲健胜难称老，多谢故人《寄聚翁》；
> 共写河清海晏句，新声处处祝东风。
> 童年小梦真如幻，今日登台幻似真；
> 玉树芝兰喜有托，量材裁植出新人。
> 试睁冷眼欲旁观，换稿舆图着笔难；
> 水榭花开复花落，青溪白鸟逐飞澜。
> 桃花扇底说南朝，社党重钩霸业凋；
> 春灯已错何从认，玉殿枭啼自寂寥。
> 风标莫学世时妆，裙布钗荆也不妨；
> 一字奸贤须记取，香君姓氏自芬芳。

那时我祖母尚健在，故说“难称老”；“幻似真”则指当年演讲事。父亲常把自己比作屠格涅夫笔下的罗亭，他在解释这首诗时说：“侯方域倒像罗亭，多幻想而少实践；李香君则是崇拜罗亭的那位意志坚决、不屈不挠的少女。若干方面，侯方域正是一般知识分子的形象（我当然在内）。寄扇以后的李香君和娜泰雅（按《罗亭》中的女主人公）一样地幻灭了。”在这里，父亲又把戏剧和人生联系在一起，把对《桃花扇》的解释引申到自我的剖析，这更是对我深一层的启示了。

我虽不喜上银幕（至今仍如此），但命中似乎注定要与银幕结缘。刚毕业，就被导演找去拍片；第二年，又在电影《年青的一代》中扮演了一个很有个性的女孩林岚（这角色，我先在话剧舞台上演了百来场）。影片拍成，在香港公映，父亲终于看到了我的戏。在给我的诗中，父亲有“默然相对影中人，娇唤爹娘恍若真”句，从中可以体会出他恨不能走上银幕应一声的心情。自他离开上海，至看到我拍的电影，已过去整整16年。16年中星移斗转、风云变幻，我们只有几次短暂的相聚。虽不断有书信往来，可是亲耳听见女儿叫“爸爸”的声音，真是会让他心震神颤的，尽管声音是银幕里传出，尽管唤的是戏中人，在父亲听来，确是“恍若真”呢。

父亲为我真成为一名演员而高兴。他又何尝不想我能跟他生活在一起，成名香港，走红海外！可那是在60年代。正是我拍完《年青的一代》前后，有位在港台红了半边天的电影明星林黛，自杀身亡了。林黛的父亲程思远先生也是我父亲的好友。过去两位老友见面，常谈起各自当演员的女儿。林黛的不幸，使思远先生受到极大打击，我父亲也极为痛惜。在观看《年青的一代》后不日，他又看了一部林黛主演的影片，并在文章中写道：“想到这大眼睛的野姑娘已经埋骨两年，叫我怎忍心看下去呢！”在这样的矛盾心情下，他再也没有提过要我去香港的愿望。

我父亲自己对戏剧艺术的研究，始终未曾间断。50年代后期，他有机会多次回到大陆，走访各地。就像抗战时期一样，无论到何处，他都不放过看戏的机会。他说：“在别人的百忙当中，我却有从容欣赏的机会，诚如刘姥姥进了大观园，把从古以来没去过、没听见过的都见识到了。”他看了赣剧、川剧、秦腔、评剧、黄梅戏、吕剧、江淮戏、越剧、粤剧……看了旧形式新题材，也看了新形式旧题材。他写下了各种剧评、观感、介绍，汇集在他1960年出版的《人事新语》一书中。

60年代末期，父亲经历一场恶疾，总算浮过了生命海。他拖着衰弱的身体，面对病魔的威胁以及严峻的政治空气的压迫，多方求助，终于把几十年来对中国戏剧研究的点点滴滴汇总起来，写下了二十多万字的评述；并把二十多年来收集的剧照、相片、资料、图片共二千多幅，集成一本大书出版，书名《现代中国剧曲影艺集成》。这是他咬着牙，拼着最后一口气在临终前完成了的大事。他在信中对我说："雷雷，这是我为你做的一件大事。40岁以后，你再看这本书，会明白我的用心。"

40岁以后的我，由于种种原因，不能适应拍摄电影的生活，转到幕后，干起了为外国电影译制配音这一行。但我仍是一个演员，仍是一个"我哭人也哭；我笑人也笑"的演员，哭笑的背后，学问深远，够我一辈子奋力而行。我明白父亲的用心。

（载于《回忆曹聚仁》，上海市政协文史资料委员会、上海鲁迅纪念馆编，中国文史出版社2018年版，有删节）

我们成了他的左丞右相

曹景滇*

很小的时候，就听爸爸说过，伯父是大学教授和新闻记者，还是个作家。作家——在我幼小的心灵中是这样的人：他们爱钻书本儿，咬文嚼字的，整天伏案写作、奋笔疾书，说起话来定是引经据典、口若悬河、滔滔不绝的。总而言之，他们是可敬而不可亲的人。小孩子在他们面前，必定要规规矩矩，可不能有一丁点儿差错，一不小心他们就会拿你当坏孩子的典型写到书里，那你可就倒霉透啦！瞧，那时候，我那个小小的脑袋瓜儿，还挺“复杂”的呢，我还是存着很大的“戒心”来和伯父接触。

俗话说：“百闻不如一见。”我们和伯父很快熟悉起来，几天工夫，我那心上的“防线”就不攻自破了。我发觉，伯父是个很普通的人，聪敏而又冷静、温和而随便，尤其是对小孩子，他从不约束我们，但也不溺爱我们。对我们的争吵，他既不横加干涉，也不指责，只是静静地观察、津津有味地旁听。甚至对我们的淘气和恶作剧，他也从不见怪，往往是很理解地付之一笑。在北京的侄子、侄女、侄孙少说也有十几个，他都一视同仁，而我们几乎个个都喜欢和他在一起。真的，和他在一起无拘无束，比和爸妈在一起还自在！他带着我们去游玩、访友、看戏、吃小菜馆，像对平辈一样和我们谈

* 曹景滇，曹艺之女，曹聚仁侄女。

话，当我们玩得兴高采烈、大叫大嚷时，他却能坐在一边，旁若无人地写文章。很奇怪，他好像随时都可以写，在北海的五龙亭上、在颐和园的昆明湖畔、在香山的“鬼见愁”上、在友人的家中、在冷饮店里、在“仿膳”的饭桌上、在火车和汽车里……我常常看见，他，就那么咬一会笔杆，写一阵子；喝一口浓茶，又写一阵子。

有一次，我和五姐景漩跟伯父到北海公园“仿膳”吃饭，伯父点好了饭菜，就打开皮包拿出纸笔写了起来。那天等了好久饭菜都没上来，我和姐姐肚子饿得咕咕叫，但伯父仍在忘乎所以地写作，我们的叫饿声和埋怨声他一概听不见。于是姐姐把店里的意见本摘下来递给我，叫我提意见。这时，店里的一个老服务员看见，走过来站在我身后说：“小朋友！你要提意见啊，给你笔。”我见他站在身后，到底人小胆怯，迟迟不好意思下笔。恰巧这时伯父写完了文章，一看这情形，便笑着接过意见本写上几句：“我要为一个小姑娘叫屈，她玩得太累，肚子饿得咕咕叫了，可是等了一个半钟头，香香的饭菜还没来，他的伯父又忙着做自己的事，把她给忘记了，这样一来岂不叫她太受委屈了。”写完了后，对服务员幽默地说：“这是批评，又是自我批评。”那老服务员也呵呵地笑了，连忙表示歉意，等饭菜端上来后，伯父一个劲儿往我碗里夹菜……44 年过去了，这段插曲至今牢记在我的脑中。现在我不仅有了儿女，还有了侄孙，我常常埋怨孩子们太麻烦，吵得我什么事也做不成。但想想伯父当年却能在最吵闹的环境里写作！伯父的《北行小语》《北行二语》《北行三语》等在海外颇有影响的几本书，其中的许多篇章，不就是在我们的喧哗声中写成的吗？

我们和伯父相处得很亲密、融洽。他，不仅是我们可敬可亲的长辈，而且是能与我们“和平共处”的大朋友。我们给伯父周围增添了生趣和热闹，伯父也让我们开了眼界、长了见识。我们互不妨碍、各得其乐！每次回到北京，他都在新侨饭店定两套房间，接我们这些侄子侄女去同住，我们就像左丞右相一样，到哪儿去都簇拥着他。

当时，他曾不止一次地对爸爸说：“香港世界太狭窄，人与人就像带刺的猬，彼此容易相碰，生活压迫下的不愉快心理，真所谓‘一触即发’。我在那住了六年，心头有说不出的‘闷’‘逼窄’。回到祖国，就觉得旷达、开展，这儿是生存圈很大的世界，真所谓鸟飞鱼跃，各自舒展各自的才能，不会彼此碰伤，用不着把朋友踹在自己脚下。”还说：“这儿的朋友多，亲人也多，孩子们也特别可爱。”这番话的深意，年幼的我是无法理解的，我也无法想象，伯父在香港，每天要写三篇文章，“在夹缝中讨生活”的艰难状况。更不知道，他这么爱山水的人，为了“爬格子的生涯”的紧张，竟“不曾度过一个周末”！我只隐隐约约地感觉到，他是个孤单的人，像孩子一样需要亲人，需要温暖。在他那颗成人的心灵深处，似乎藏着一种淡淡的哀愁。

（选自《难忘的日子》，载于《回忆曹聚仁》，上海市政协文史资料委员会、上海鲁迅纪念馆编，中国文史出版社 2018 年版，题目为编者加）

我的悲伤和喜悦

曹景滇

我记得伯父每次回国来，周总理总是要接见他的，有时候，也到新侨饭店来看伯父，但都是在我们上学了的时候。待我们回来，知道这一消息，总是懊恼得大叫：“早知道这样，今天逃学了！”

暑假的一天下午，我和弟弟在伯父那儿睡午觉，一觉睡到5点钟才起来。服务员阿姨对我说：“你伯伯已经为你们定下了晚饭，他有事刚走。”往常伯父不管到哪儿都要带我们同去，今天为什么不带我们呢？想到这儿，我拉起弟弟，飞快地奔下楼去，一眼看见伯父的车子刚刚发动，我和弟弟大叫：“伯伯，带我们去！”伯父从车窗探出头来，向我们摇了摇手又挥了挥手，示意我们快回去。车子很快开走了。

我和弟弟无可奈何地走回去。那一晚，面对着一桌子丰盛的菜肴，我们两个孩子，第一次尝到了“食不甘味”的滋味，没精打采地吃过晚饭回房去，任凭服务员阿姨怎么劝说，我和弟弟都不肯睡觉，定要等伯父回来“兴师问罪”。“伯父肯定去见周总理了！”我对弟弟说。弟弟泪汪汪地看着我说：“我也想看周总理啊！”天黑了，我和弟弟和衣躺在床上，心里觉得又委屈又可怜，大颗大颗的眼泪涌了出来。人们常说，童年的眼泪是易流也易干的。但我们伤心的泪花，却不断地溅到枕巾上，我们的抽泣声，一直延续到梦中。

午夜，伯父回来了，我立即惊醒，一骨碌坐了起来……

据说那一天，伯父不仅和总理共进了晚餐，而且在融融的月色中，与总理一起泛舟在昆明湖上三个多小时。也许，当我和弟弟哭得最伤心的时候，也正是伯父在湖上谈兴正浓时……伯父回来后简直不知道怎么安慰我们才好，他手足无措地坐在我们身边，又笑又叹气。当过多年国文教授的伯父，此时此刻，他在两个幼稚而固执的孩子面前却没有了词汇。

过了不久，一天，我正在伯父房里做功课。一个叔叔走进来，在伯父的耳边低声说了些什么。伯父站起来，对我说："滇，到对面房里去做吧！"我明白是有客人来了，很知趣地收拾起书包。跨出门时看见门边站着两个高大的叔叔。我正猜度着，只见一个气度不凡而又似曾相识的伯伯潇洒地走来。他看见了我，两道剑眉一抬，炯炯发光的眼睛里显出了亲切的笑意。他和善地点了点头，就推门进去了。我站在那儿，就像触电一样浑身一震！这不是周总理吗？我那颗小小的心因幸福而大大地膨胀起来了！

这一瞬间就永远留在我的心中，印入了我的脑海。我记住了这一天，8月17日，当我11岁的时候。

（选自《难忘的日子》，载于《回忆曹聚仁》，上海市政协文史资料委员会、上海鲁迅纪念馆编，中国文史出版社2018年版，题目为编者加）

四川伯伯

曹景滇

平日来看伯父的人很多，但我印象最深刻的要算四川伯伯——陈毅元帅。当时，陈毅同志任上海市市长兼国务院副总理，常常来北京，因而也常到新侨饭店来与伯父叙谈。伯父说，早在抗战初期，皖南事变之后，他就曾访问过陈毅同志，并向海外披露过皖南事变的真相。陈毅元帅性格豪爽，我伯父说话坦率，两人谈起来就特别热烈。他们之间并不总是互相赞同，常常会辩论起来，但每次都高高兴兴地结束。我们几个孩子，在他们身边无拘无束地玩着，做着我们自己的事，不太留心大人们的高谈阔论。我只记得这位四川伯伯说过伯父是“爱作怪异之论”的人，还补充说：“但不‘非常’，也还‘可喜’。”而我最喜欢这位四川伯伯，他说起话来风趣而又痛快，那口四川话音很好听，脸上的表情又生动，他还没一点架子。

有一次他问我：“你长大了想做什么？”

我略想了一下就说：“当地质家。”

伯父插嘴说：“女孩子当不了地质家的，太苦了。”

“苦就苦呗，找到宝就乐了！”我快嘴快舌地回答。

四川伯伯笑了，对我伯父说：“其志不在小啊！要得！”

我虽没完全听懂他的话，但我明白，这是夸我呢！周围的人都嫌我太淘气，难得有人夸奖我的，更何况是这么一位“将军”伯伯呢，所以我感到特别高兴。

伯父常说四川伯伯是个了不起的人物，上马能武，下马能文，既是将军，又是诗人，还编过报，当过记者。他是有名的军事家，顾祝同、汤恩伯、杜聿明、王耀武、黄维、胡琏都是他的手下败将，并说他做了上海市市长这才使流氓敛迹，洋人低头。他自有外交家的才能（当时陈毅同志还没有担任外交部长）。

（选自《难忘的日子》，载于《回忆曹聚仁》，上海市政协文史资料委员会、上海鲁迅纪念馆编，中国文史出版社2018年版，题目为编者加）

曹聚仁和他的朋友们

曹景滇

伯父的朋友可真多，而且各界人士俱全，不论新闻、文艺、军政、科技、商界都有，甚至还有清朝时的郡主、饭店的厨师和外国朋友。他们是30年代、40年代的师友、学生、读者、曾采访过的对象，还有近年来在海外因各种原因结识的新友。知道他回来了，纷纷而至，或登门互访，或路遇相认。我记得伯父有个二三十年代在上海的老友程克猷（据伯父说他和他哥哥曾为哈同塑像），多年来与伯父各居一地，天各一方久不通音信了。谁知正巧程伯伯的女儿程八俊与我是同窗好友，我经常到她家去玩。一次程伯伯偶然问起我的家庭情况，得知我是曹艺之女，喜出望外地说："我和你爸爸、伯父都是好朋友，怪不得你和八俊这么要好，我们原是'世交'啊！"由于我这"桥梁"作用，他们终于又见面了。

那时候，来往的人很多。我记得有田汉、夏衍、老舍、欧阳予倩、梅兰芳、齐白石等文艺界著名人士，还有马寅初、柳亚子、沈从文、梁漱溟、齐士剑、顾颉刚、冯友兰、周作人、黄绍雄、邵力子、张治中、卫立煌等名人。我们小，一见客人来了就知趣地走开，孩子的眼睛是稚气而丝毫不势利的，从来没有因为是名人而多打量几眼，也从来没留心去听名人们的言谈。但孩子们的心中自有一杆衡量大人的秤。哪个伯伯、婶婶可亲，一下子就会缠在膝上，留恋不去。孩子的记忆往往是无心而又长久的，像墨空中的闪电般清晰。我记得他们在一起缅怀同行的朋友们，谈起 ××× 在美国，××× 在台湾……不知何时能再相聚、坐下来共讨学问。伯父说："大陆和台湾目前这种状况，增加了海外华侨精神上的负累，海外华侨都希望祖国能早日统一。国共曾两次携手合作，若再能第三次合作当是国人之福。"并说："目前工商业能公私合营，大陆和台湾也可来个公私合营嘛！"对周总理当时在人大会议上发表的"和平解放台湾"的演说，伯父大加赞赏，说："要解决中国问题，诉之于战争，不如诉之于和平。"并说："我问过总理'和平解放台湾'这个提法票里票面的实际价值。总理说实际价值和票面完全符合。我们对台湾不是招降，而是要彼此谈判。"又说："几十年来，我看共产党做事一向说话算话，不玩阴谋的。"伯父很早就关心和致力于祖国的统一，也是他最早通过新闻媒体向海外宣传党中央关于"和平解放台湾"的重要决策的。他虽生活在海外，时刻思虑着中华民族的整体利益，一心期盼着祖国繁荣昌盛。

我还记得邵力子爷爷和傅学文奶奶是伯父最亲近的朋友之一。伯父说邵爷爷当年任《民国日报》主编时，伯父常常为副刊写文章。伯父 20 年代初到上海时，多亏邵爷爷的帮助，对邵爷爷的为人，伯父一向尊重，称他为"和平老人"。邵爷爷和傅奶奶长得胖胖的，和和气气的，他们和我们这些孩子相处得极好，他们很爱孩子，和我们亲亲热热。但邵爷爷人很直爽也很讲原则，当时邵爷爷是旗帜鲜明地赞同马寅初的"人口论"的，主张节制生育，并曾当面指责我爸爸，为什么生这么多子女？还笑着威胁我爸爸说："11 个子女，给国家增加了多少负担？像你这样应给国家上税！"他还热心介绍吃活蝌蚪的偏方给妈妈，说能绝育，妈妈胆小，始终没敢去尝试吃蝌蚪。

伯父说过："朋友尽可见解相反，但我看不妨碍友情。"所以他的朋友能这样多。

（选自《难忘的日子》，载于《回忆曹聚仁》，上海市政协文史资料委员会、上海鲁迅纪念馆编，中国文史出版社 2018 年版，题目为编者加）

谦谦有容梅兰芳

曹景滇

伯父对中国的戏剧情有独钟，不仅爱看京戏，也爱看地方戏，当年正是“百花齐放、百家争鸣”双百方针提倡之时，北京的文艺界呈现一派欣欣向荣的气象，外地进京会演的剧目也很多，总理办公室的小徐（好像叫徐淡庐）常派人给伯父送戏票来。伯父白天忙于工作和写作、采访，晚上则带我们乐此不疲地看戏，也经常抽空拜访戏剧界的新老朋友们。我记得他与京剧界的四大名旦和四小名旦均有交往。

伯父与梅兰芳神交多年。伯父说他们在30年代，因与萧伯纳谈中国戏剧中的锣鼓，开始通信。但真正见面深谈，还是50年代在北京护国寺一号梅兰芳的家中。

那次到梅兰芳家，有伯父、伯母和我。我记得那天在场谈的还有许伯遒、许姬传。

一上来，伯父拿我开玩笑，因我是北京少年宫戏剧组的第一代小组员。伯父说，梅先生，我今天特带来一个小戏迷，也是您的小同行，并笑着让我拜梅兰芳为师。谁知我人虽小，脾气倒挺犟。我说我喜欢话剧，对京戏一窍不通，也不太喜欢。伯母说梅先生是一代艺术大师，人家想拜师还拜不到呢！言下之意是责怪我不识抬举。但梅先生一点不见气，婉言劝伯母别勉强孩子，要听其自然发展，并说：“您的侄女很有个性，是个有主见的好孩子。”一句话如春风送暖，既解了我的围，又使我心悦诚服，不觉感激地抬眼仔细打量着梅兰芳先生，65 岁的梅兰芳先生满头黑发梳理得整整齐齐，脸色红润，目光顾盼生辉，显得很年轻。最使人难忘的是那神情，显得那么温温和和，谦谦有礼，丝毫没有名角的派头和傲气。

梅先生谈到 1949 年新中国成立以来，经常到各省市作巡回演出，工作繁忙，没有时间排演新戏，伯父带我们看他演出的《穆桂英挂帅》，乃是他排演的第一曲新戏，还是看了豫剧马金凤扮演的穆桂英，引起了他的兴趣，才移植过去的。梅先生感叹地方戏的进步与发展速度较快。

伯父说，在戏曲的演唱方面，我是门外汉，但在近代中国戏曲源流的探求上，我也称得筚路蓝缕做开山工作的人，我曾经到过弋阳、到过临川（南曲摇篮地、南曲大师汤显祖的故冢，玉茗堂旧地），看过清源师庙碑（碑在江西宜黄，明抗倭名将谭纶的家乡，他是把海盐子弟带到家乡，使昆弋两派结合的第一人），听过饶河流域的乐平腔。伯父还说，我读了梅先生的《舞台生活四十年》，觉得梅先生对于弋阳腔的流迁，还不十分清楚。伯父认为，新中国成立前梅兰芳只在京、津、沪、杭、汉口、南通和香港这些大城市演出，守着昆腔的大营，对于地方剧种不甚了了，他建议梅兰芳演出之余，应到南曲发芽开花的城市走走，京剧这个大戏，也应不断汲收原就有血缘关系的地方戏的精华，才能更丰满成熟和立体化。

伯父的侃侃而谈，梅兰芳听得很在意，既认真又仔细，一副虚心求教的样子。伯母在一旁却急得频频暗示，大概是怪伯父“班门弄斧”，而伯父似乎浑然不觉，仍然津津乐道。

那天的谈话，气氛很融洽。伯父还答应许姬传，为梅兰芳《舞台生活四十年》有关海外演出的种种搜集和提供资料。最后，伯父给梅兰芳拍了照，伯母也邀请梅先生合了影。

我们告辞后，在回来的路上，伯母埋怨伯父：“为什么说得那么多？好像你比梅兰芳还懂戏似的，真不自量力！”连我也认为伯父说话太不客气，而伯父却不以为然。他说，我和梅兰芳是直谅的朋友。梅兰芳的成就，一分是天才，一分是学养，还有一分则是师友的协助。梅兰芳的学无常师，谦谦有容，诚如谚语所谓“东海不让细流，故能成其大”的。他给我们讲了梅兰芳和齐如山的故事：

清末民初，大名士齐如山先生从巴黎回到北京，朋友们拉他去看京剧《汾河湾》，梅兰芳饰柳迎春，扮相很美，身段也很好，只是在薛仁贵在窑外唱一大段时，柳迎春坐在窑内，脸朝里休息。薛仁贵唱了老半天，她一概不理会，等到薛唱完了，才回过脸来答话。那时唱青衣的旦角，通通是如此，齐如山先生认为梅兰芳在这一点上要注意，他写了一封长信给他说：

“……国剧的规矩，是永不许有人在台上歇着，该人若无所事事，便可以不用上去，龙套虽为助威的人员，也有一定的表演，何况柳迎春是一个主角呢？不但主角，而且这一段是全戏中的主要一节，此外旦角必须有极恰当的表情方算合格……”

齐如山说了一番道理之后，又逐句逐段写出应该如何做表情来。到了第二次，梅兰芳再演《汾河湾》时，果然如他批评的改正过来了，演得非常成功。齐如山当然非常高兴，其后，他看一回戏，就写一封长信给梅兰芳，这样他们就成为朋友，齐如山后来成了替梅兰芳编戏、切磋商量的朋友。梅兰芳待人厚道，十分念旧，常常在伯父面前说，希望齐如山能回到北京来。

伯父对梅兰芳提出的建议，梅兰芳也欣然接受，果然在当年 9 月间，借在江苏、浙江、江西、湖北、湖南各省的主要城市作旅行演出时，观摩了地方戏曲，参加了各种座谈会，细心揣摩了各剧种的特性和短长，研究了戏曲各流派之渊源，进一步加深了自己的艺术修养，对中国戏曲的传统，所见既广，所了解也更深。后来伯父读了他的《赣湘鄂旅行演出手记》，觉得：“……梅先生在南昌谈到弋阳腔的流迁，从高腔剧目找到历史传统，这就是行家谈戏，比我们从书本上找史料的高明一着了。”

（选自《难忘的日子》，载于《回忆曹聚仁》，上海市政协文史资料委员会、上海鲁迅纪念馆编，中国文史出版社 2018 年版，题目为编者加）

为人谋而不忠乎

郑子瑜*

曹聚仁先生为人诚挚，待人勤恳，交友不分辈分，所以凡是和他有交往的人，都很喜欢他。周氏兄弟失和，但鲁迅、周作人都是他的好朋友。鲁迅书信集中有一些信是写给曹聚仁的。曹聚仁先生由于尊敬鲁迅而研究鲁迅，曾著述《鲁迅评传》一书，反应良好。曹先生和周作人，更是深交，晚年劝周作人写回忆录，经过了数年的经营，《知堂回想录》写成了，但出版的事，却颇费周章，幸得曹聚仁先生为之奔走接洽，终得以在新加坡《南洋商报》连载，然后交给香港三育图书公司出版。凡是“校对抄稿，还有印稿校样”，都得由曹聚仁先生代劳（见 1966 年 2 月 29 日周作人给曹聚仁的信）。这里可见曹聚仁先生为人的勤恳，套用一句现成句，是：“为人谋而不忠乎？”

1964 年至 1965 年，我应聘到东京任早稻田大学研究所客座教授，曾因周作人的介绍，去见日本小说家武者小路实笃。鲁迅和周作人都曾翻译过他的小说。在谈话中，才知道曹聚仁先生也是他的朋友。我在早稻田的一年间，除与实藤惠秀共同编校晚清最杰出新派诗人黄遵宪与日本友人笔谈的遗稿外

* 郑子瑜，1916 年生于漳州市。华裔作家、新加坡汉学大师。20 世纪 30 年代主编文艺月刊《涟漪》和文史月刊《九流》，50 年代初移居新加坡。专著《学术论著自选集》荣获第二届中国国家图书荣誉大奖。

（遗稿发现于平林寺，分赠大东文化大学与早稻田大学图书馆），也自己编写了一册《周作人年谱简编》。有一位研究中国现代文学的日本学者，对拙著很有兴趣，愿意将其译成日文，在日本出版。我很高兴，曾写信告诉曹聚仁先生，曹先生更加高兴，还勉励我敦促这位日本朋友早日译成。但由于周作人的幼年时代以及抗日战争中的那几年，我只知道周作人不能坚持气节，被日本侵略者利用，做过华北的什么官，详细的情形则不大清楚，我请周作人自写这两段的“年谱大要”寄下。周作人很合作，不久便寄下了，还附下一份“解放后著译书目”。（我为感激大东文化大学允许我将笔谈遗稿借出至早稻田大学与实藤惠秀教授共同编校，特将周作人手书的“年谱大要”和“著译书目”送给该大学的图书馆。）

资料齐备，《周作人年谱简编》也已补写完成，但热诚答应日译的日本朋友却病倒了，又不肯让我找个研究生相助，更不肯让我另找他人翻译，只是拿着稿子不放。病愈之后，说是要多休养一个时期，迟迟不肯动笔。

从1962年在香港和曹聚仁先生一别之后，彼此都忙于自己的事，不多通信，但这回为了《周作人年谱简编》的日译，却劳曹先生频频来信催问，这时候（1964—1965）曹先生已在病中，提到自己的病情，只是寥寥数语，但关怀《周作人年谱简编》的日译，却占了书信的绝大部分篇幅，为人多于为己，而不营私，这是曹聚仁先生的人格高尚之处，所以他晚年患病，经济情况也不很好。这是我们晚学所万万比不上的。职是之故，《周作人年谱简编》的日译一事，虽然遇到了变卦，为了怕惹起他在病中增加刺激，损伤身体，我每次回信，只是以“关于《周作人年谱简编》的日译，当尽可能争取其早日译成，以慰先生的期望”来安慰他。（1978—1980年，我应聘任大东文化大学教授，曾试图邀请研究生来日译《周作人年谱简编》，也没有成功。）

（选自《我和曹聚仁的交往》，载于《回忆曹聚仁》，上海市政协文史资料委员会、上海鲁迅纪念馆编，中国文史出版社2018年版，题目为编者加）

“半客卿顶上了石臼”

袁义勤*

曹先生与《前线日报》的关系，是有其因缘的。他一向以“自由主义者”自居，他参加《前线日报》工作，如他所说，就是因为该报“有自由主义的倾向，容易合作些”。在抗战期间，宦乡任总编辑，倾向进步。该报与重庆《新华日报》在言论与新闻方面，时有不指名的互相引用。这深为国民党右派所不满。有一次《前线日报》通讯版转载《新华日报》关于陪都文化界纪念高尔基大会的报道，因处理不慎，而引起轩然大波。第三战区政治部主任邓文仪曾主张“查办”。

抗战胜利初，《前线日报》迁沪出版后，宦乡终于因受国民党右派势力的攻击而离去。这时社长马树礼因病住院，经理邢颂文尚在上饶主持工作。上海《前线日报》既受到政治上压力，又处于高层领导无人负责状态，处境几乎是“风雨飘摇”。在此困难时刻，曹先生挺身而出，担当起报社的临时总管，包办了“三总”（总主笔、总编辑、总经理）的工作。如他后来所说，当时是以“半客卿”的地位，顶上了“这只石臼”。直到马树礼出院，邢颂

* 袁义勤（1918—2021），别名以勤，江苏镇江人。毕业于上海东吴大学英文系，曾任职《东南半月刊》《中央日报》编辑，国民党南京市党部宣传处编审科科长兼《大中日报》总编辑、《中央日报》主笔兼资料室主任。

文来沪，才调整人事。这位“半客卿”脱掉石臼，只肯担任主笔名义，从事专栏通讯撰述。他不愧为报界的全才。当年在赣州主办《正气日报》时，也是身兼“三总”，接办时报纸销数不过几千份，苦于亏损，而两个月后，销数就增至一万份，有了盈余。

（选自《忆曹聚仁先生》，载于《回忆曹聚仁》，上海市政协文史资料委员会、上海鲁迅纪念馆编，中国文史出版社 2018 年版，题目为编者加）

红豆深情

张万熙*

曹先生是抗战一开始就当战地记者的，他倒不是“投笔从戎”，他是以教授身份担任“中央通讯社”的战地特派员。我是1935年以学生身份“投笔从戎”，当“入伍生”。1939年毕业后又学新闻，奉派前方办军报，当战地记者，我受过军官养成教育，有正式上尉军官身份。就在1939年12月间，在江西临川前线第三十二集团军总部与曹聚仁邓珂云夫妇不期而遇。曹先生矮墩墩的身材，一身黄马军呢中山服，腰系着宽皮腰带，没有挂“斜皮带”。当时的军服就是中山服，只有军官才能挂“斜皮带”，还要佩领章。曹先生并没有违反规定，其实他的盛名，早为前方将领景仰，他要会见的多半是领章上有一两颗金星的将军。邓女士也穿中山服，腰系皮带，只是我已记不清楚是什么质料颜色，但比我的服装好。在前方采访的记者，为了方便，多半是这种打扮。但没有谁像曹先生那样穿黄马呢制服，只有少数将领才穿。邓女士好像是上海《正言报》的特派记者。她那时很年轻，端庄肃穆，硕人颀颀。照中国习俗计算我是20岁，照西方习俗计算是19岁。我是初出茅庐的记者，比她还

* 张万熙（1920—　），笔名墨人，江西九江人。1939年在《前线日报》发表第一篇作品。曾任报社主笔、总编辑，台湾省东吴大学中文系兼任副教授，1985年任英国剑桥国际传记中心副董事长。主要作品有《红楼梦的写作技巧》《白雪青山》《红尘》《婆婆世界》等。

年轻。

曹先生人很随和亲切，他并未小看我这位后生。邓女士实际上亦平易近人。不过前方戎马倥偬，我们各有工作，并未多谈就分手了。

那时曹先生正值壮年，作品很多，除了战地通讯特写之外，还有其他的作品，发表最多的地方是上饶《前线日报》，那是四开报纸，编排、印刷、纸张都很好，篇幅也不少，副刊是整版，主编是我新闻研究班同期学长叶家怡，曹先生也在副刊写稿，他和总编辑宦乡交情不错。他的作品风行一时，笔力之健，无人能及。

以后我因结婚关系，由前方转到后方报纸当编辑兼中学教员，曹先生也转到赣州蒋经国先生的行政区去了。直到 1942 年日军沿浙赣铁路西犯，会合南昌日军南下，包抄江西南城，我便携带妻女在端午节那天随同大难民潮向赣州逃难，大热天苦不堪言。到赣州几经转折，回转到新闻界工作，又同曹先生见面了。

当时赣州有《正气日报》，赣南《民国日报》《青年报》三大对开报纸。曹先生是《正气日报》主笔，也在《民国日报》副刊写方块专栏，他笔健如昔，下笔之快我前所未见。我编国际版新闻，他往往在我们的编辑桌上赶写明天的方块专栏，他可以和我们一面谈话一面写稿，他腹笥宽广，学识渊博，信手拈来，便成文章。轻轻松松，笑嘻嘻地来，又笑嘻嘻地去。我没有看见过他皱眉头拉长脸。他的新闻触角非常敏感，我记得在外地的报纸上看过他报道“某巨公”私生子的新闻，当时不知道那位“巨公”是谁，也一直未向他求证，后来才知道“某巨公”就是他写过的“蒋青天”，这自然犯了“忌”，可能是他当时没有弄清楚，上了别人的当，不然不会“捋虎须”。但今天真相早已大白，章孝严、章孝慈这一对双胞胎都是台面上的人物。章孝慈是东吴大学毕业的，步步高升，后来当了东吴大学的校长。我在东吴大学兼课 19 年，看到他当上法学院院长，最后中风死于校长任上。他们两兄弟性格作风不一样，章孝慈谨守学人分寸，当选了国大代表都辞掉。乃兄平日洋洋自得，走路摇摇晃晃，故作潇洒，其实轻飘飘。直到闹出一个大桃色新闻才鞠躬下台，才少在媒体出现。曹先生如果活到100岁，就可以看出自己的“旧闻”的“历史价值”了。

写过这段插曲后必须再回到原点。曹先生和我都是直到日军进攻赣州时才离开赣州的。那时兵荒马乱，曹先生交游广，人际关系好，又有中央社的大招牌，他比我早逃难到赣东北乐平。我因一向不善交游，不是当记者的料，逃难时已经阮囊羞涩，又带着一岁、三岁大的两个孩子，在严冬时冒着风雪徒步逃难，走走停停，拖拖拉拉，走了很久，才逃到鄱阳，看到乐平的《长江日报》，发现小同乡、文友陈迟在主编副刊，便写信和他联络。他邀我到《长江日报》工作，我这才转到乐平。到乐平后，才知道曹先生一家人早到乐平了。我们在乐平是第二度重逢。

曹先生他们住在乐平郊外，离报社大约一里路，我和陈迟时常在他家聊天，那时他们夫妇已经有三位小孩，曹雷还很小，下有一弟一妹。曹雷和我大女儿年龄相近。她妹妹在乐平夭逝时，曹先生不在家中。

乐平虽近前方，但无警报，生活相当平静，小城风味不差，我编第一版新闻也很轻松，不必熬夜。曹先生则常去上饶采访。直到有一天美机在广岛投下原子弹，我刚编好头条新闻，曹先生赶到报社来，我问他这是什么炸弹？威力怎么这么大？他笑着说他也搞不清楚，但判断日本人快投降了。

一阵胜利的狂欢之后，他举家先去上海。我则迟迟离开乐平，先回到故乡九江看看，然后才去上海。

在上海我又和曹先生三度重逢，他来看我三次。我记得他每次都穿着日军黄呢大衣，那是日本军官穿的好料子，地摊上都有不少，也不贵，曹先生身高和一般日本军官不相上下，穿起黄呢大衣倒有些像日本军官，只是脸上没有日本军人那股杀气，他还是不修边幅的名士派头。他带我去过他家中一次，夫人邓珂云女士和孩子都不在家，我们天南地北地聊了不少时间。那是一排两层楼的旧房子，不大，室内也没有什么摆设，和逃难时相差不大。我告别时，他从口袋里摸出几粒大红豆往我手上一塞，笑着轻吟：

红豆生南国，春来发几枝。

劝君多采撷，此物最相思。

我的新闻触角没有他那么敏感，人情世故更不如他。他送我到兆丰公园电车站后才回去。不久我就离开上海了。

（选自《曹聚仁先生的红豆深情》，载于《回忆曹聚仁》，上海市政协文史资料委员会、上海鲁迅纪念馆编，中国文史出版社 2018 年版，题目为编者加）

第五章
叶圣陶：海棠花下享天伦

圣陶是个寡言的人

朱自清

我第一次与圣陶见面是在民国十年的秋天。那时刘延陵兄介绍我到吴淞炮台湾中国公学教书。到了那边，他就和我说："叶圣陶也在这儿。"我们都念过圣陶的小说，所以他这样告我。我好奇地问道："怎样一个人？"出乎我的意料，他回答我："一位老先生哩。"但是延陵和我去访问圣陶的时候，我觉得他的年纪并不老，只那朴实的服色和沉默的风度与我们平日所想象的苏州少年文人叶圣陶不甚符合罢了。

记得见面的那一天是一个阴天。我见了生人照例说不出话；圣陶似乎也如此。我们只谈了几句关于作品的泛泛的意见，便告辞了。延陵告诉我每星期六圣陶总回甪直去；他很爱他的家。他在校时常邀延陵出去散步；我因与他不熟，只独自坐在屋里。不久，中国公学忽然起了风潮。我向延陵说起一个强硬的办法——实在是一个笨而无聊的办法——我说只怕叶圣陶未必赞成。但是出乎我的意料，他居然赞成了！后来细想他许是有意优容我们吧；这真是老大哥的态度呢。我们的办法天然是失败了，风潮延宕下去；于是大家都住到上海来。我和圣陶差不多天天见面；同时又认识了西谛、予同诸兄。这样经过了一个月；这一个月实在是我的很好的日子。

我看出圣陶始终是个寡言的人。大家聚谈的时候，他总是坐在那里听着。他却并不是喜欢孤独，他似乎老是那么有味地听着。至于与人独对的时候，自然多少要说些话；但辩论是不来的。他觉得辩论要开始了，往往微笑着说：“这个弄不大清楚了。”这样就过去了。他又是个极和易的人，轻易看不见他的怒色。他辛辛苦苦保存着的《晨报》副张，上面有他自己的文字的，特地从家里捎来给我看；让我随便放在一个书架上，给散失了。当他和我同时发现这件事时，他只略露惋惜的颜色，随即说：“由他去末哉，由他去末哉！”我是至今惭愧着，因为我知道他作文是不留稿的。他的和易出于天性，并非阅历世故、矫揉造作而成；他对于世间妥协的精神是极厌恨的。在这一月中，我看见他发过一次怒——始终我只看见他发过这一次怒——那便是对于风潮的妥协论者的蔑视。

风潮结束了，我到杭州教书。那边学校当局要我约圣陶去。圣陶来信说：“我们要痛痛快快游西湖，不管这是冬天。”他来了，教我上车站去接。我知道他到了车站这一类地方，是会觉得寂寞的。他的家实在太好了，他的衣着，一向都是家里管。我常想，他好像一个小孩子；像小孩子的天真，也像小孩子的离不开家里人。必须离开家里人时，他也得找些熟朋友伴着；孤独在他简直是有些可怕的。所以他到校时，本来是独住一屋的，却愿意将那间屋做我们两人的卧室，而将我那间做书室。这样可以常常相伴；我自然也乐意。我们不时到西湖边去；有时下湖，有时只喝喝酒。在校时各据一桌，我只预备功课，他却老是写小说和童话。初到时，学校当局来看过他。第二天，我问他：“要不要去看看他们？”他皱眉道：“一定要去吗？等一天吧。”后来始终没有去。他是最反对形式主义的。

那时他小说的材料，是旧日的储积；童话的材料，有时却是片刻的感兴。如《稻草人》中《大喉咙》一篇便是。那天早上，我们都醒在床上，听见工厂的汽笛，他便说：“今天又有一篇了，我已经想好了，来得真快呵。”那篇的艺术很巧，谁想他只是片刻的构思呢！他写文字时，往往拈笔伸纸，便手不停挥地写下去，开始及中间，停笔踌躇时绝少。他的稿子极清楚，每页至多只有三五个涂改的字。他说他从来是这样的。每篇写毕，我自然先睹为快；他往往称述结尾的适宜，他说对于结尾是有些把握的。看完，他立即封寄

《小说月报》，照例用平信寄。我总劝他挂号，但他说：“我老是这样的。”他在杭州不过两个月，写的真不少，教人羡慕不已。《火灾》里从《饭》起到《风潮》这七篇，还有《稻草人》中一部分，都是那时我亲眼看他写的。

在杭州待了两个月，放寒假前，他便匆匆地回去了；他实在离不开家，临去时让我告诉学校当局，无论如何不回来了。但他却到北平住了半年，也是朋友拉去的。我前些日子偶翻十一年的《晨报副刊》，看见他那时途中思家的小诗，重念了两遍，觉得怪有意思。北平回去不久，便入了商务印书馆编译部，家也搬到上海。从此在上海待下去，直到现在——中间又被朋友拉到福州一次，有一篇《将离》抒写那回的别恨，是缠绵悱恻的文字。这些日子，我在浙江乱跑，有时到上海小住，他常请了假和我各处玩儿或喝酒。有一回，我便住在他家，但我到上海，总爱出门，因此他老说没有能畅谈；他写信给我，老说这回来要畅谈几天才行。

十六年一月，我接眷北来，路过上海，许多熟朋友和我饯行，圣陶也在。那晚我们痛快地喝酒，发议论；他是照例地默着。酒喝完了，又去乱走，他也跟着。到了一处，朋友们和他开了个小玩笑；他脸上略露窘意，但仍微笑地默着。圣陶不是个浪漫的人；在一种意义上，他正是延陵所说的“老先生”。但他能了解别人，能谅解别人，他自己也能“作达”，所以仍然——也许格外——是可亲的。那晚快夜半了，走过爱多亚路，他向我诵周美成的词，“酒已都醒，如何消夜永！”我没有说什么；那时的心情，大约也不能说什么的。我们到一品香又消磨了半夜。这一回特别对不起圣陶；他是不能少睡觉的人。他家虽住在上海，而起居还依着乡居的日子；早七点起，晚九点睡。有一回我九点十分去，他家已熄了灯，关好门了。这种自然的，有秩序的生活是对的；那晚上伯祥说：“圣兄明天要不舒服了。”想起来真是不知要怎样感谢才好。

第二天我便上船走了，一眨眼三年半，没有上南方去。信也很少，却全是我的懒。我只能从圣陶的小说里看出他心境的变迁；这个我要留在另一文中说。圣陶这几年里似乎到十字街头走过一趟，但现在怎么样呢？我却不甚了然。他从前晚饭时总喝点酒，“以半醺为度”；近来不大能喝酒了，却学了吹笛，前些日子说已会一出《八阳》，现在该又会了别的了吧。他本来喜欢看看电影，现在又喜欢听听昆曲了。但这些都不是“厌世”，或如人所说的；圣陶是不会厌世的，我知道。又，他虽会喝酒，加上吹笛，却不曾抽什么“上等的纸烟”，也不曾住过什么“小小别墅”，或如人所想的，这个我也知道。

（选自《我所见的叶圣陶》，载于《先生归来兮：叶圣陶，教是为了不需要教》，刘未鸣、韩淑芳主编，沈从文、叶圣陶等著，中国文史出版社2020年版，有删节）

叶圣陶的催稿法

程天良

当时叶圣陶在商务印书馆主编《妇女杂志》，因郑振铎赴欧游学，同时又代他执着《小说月报》的主编之职。那时，钱君匋正在为《妇女杂志》写着一个关于西洋美术史的连载，每期一篇，任务可不轻。由于开明业务的兴旺，钱君匋的编务随之越见繁忙，竟把晚上的时间都占去了。办事一向认真，对读者又十二分尽职的叶圣陶，唯恐这位后生的稿子脱期，频频来信催交："你可得快点写，别人的稿子全都交齐，就少你一个人的了。"云云。

对叶圣陶一向敬如师长的钱君匋，一听只欠自己的一篇文章了，哪敢怠慢，于是通宵地紧写赶抄，终于完卷。待钱君匋倦眼惺忪地急急将稿子交到叶圣陶手中时，他忙得可能已忘了那封催稿信的措辞，随口夸奖钱君匋："很好，你很守时。看看这几个人，至今还没交稿！"

钱君匋听了有点意外："还有人没交来？你不是说就等我一个人了吗？"

叶圣陶一听，想起了什么来似的，友好而又略带点狡黠地笑了笑："这是一种催稿的方法。"

叶圣陶如实相告，却并无抱歉之意。敦厚的钱君匋在如此大编辑又是长者的面前，自然也没有什么好多说的。到上海成为孤岛时，钱君匋自己主编《文艺新潮》，才知道创办刊物者的艰难。为免脱期，维护刊物的形象，这实是不得已而为之的事情。如无上好而又及时的稿件，巧如仙子之妇，也难做出无米之炊来的。

当然，催稿法因人而异，叶圣陶对晚辈而又十分亲近如钱君匋者，自不妨这么办。但他对虽尚年轻，当时却已算得上是比较成熟的作家赵景深用的，就是以数交情套近乎加恭维的办法。先是写一封请赵为《妇女杂志》写一篇《现代女文学家概述》的约稿信："兄于世界文学所知甚多，此题当然胜任。止须举其尤者，略言其生平、旨趣、风格、作品大要。知兄甚忙，但弟少求索之门，得老友如兄者，自不肯放过……"云云，赵景深如何好意思推却？再来一封催稿信，用的也是全新的一招："承蒙撰稿，感何可言。文章只须平常谈话那样轻松随便，笔下常带感情，尤宜妇女读者。10月底之日，想不至过期。"如此再三叮嘱，赵自然不会使他失望。

面对平辈朋友，虽有要求修改的意见，也以最委婉的措辞相商，使对方无法不接受，却又绝不至于产生任何不快之感。如对曾在世界书局任职的老友朱翊新的一部《学目大辞典》书稿的复信："翊新先生尊鉴：接诵大示并辞典稿已多日，延至今日始作报，至深歉疚。尊稿托此间辞书社同人研读，读毕后提出意见如上。弟按其所称，似尚恰当。即以奉呈，聊供参考，未敢谓之定评也。"

叶圣陶视钱君匋为忘年至交，所以，毫无顾忌地将种种轻易不为外人道的催稿法，和盘向钱君匋托出。若干年后，钱君匋也如法炮制，左右逢源地使用了起来。

作为资深编辑的叶圣陶，催稿约稿的方法真是不胜枚举。又一次，是在钱君匋那"钱封面"的令名已经确立之后，叶圣陶为增加杂志发行量，决定再充分利用一下钱君匋的"大名"。他要求钱君匋在杂志封面之外，再在内封地位加绘一张画。约稿信中，他告诉钱君匋："一般杂志的编排，首先是封面，翻过来是目录，再翻过来是正文。现在请你画的一张画，是放在目录前面的，在这样特别地位上的画，自然只有你最具资格完成了。"这样的诱惑，以钱君匋当时的年纪，是怎么也抵挡不住的。于是，他在封面画已应接不暇中，仍硬挤出时间为叶画了六期。为怕钱君匋忙中拖宕，误了约期，每到发刊前，叶圣陶照写一封催稿信不误。封封措辞不同，封封又都令钱君匋心甘情愿地，即使熬几个通宵也必定准时交稿。

（载于《先生归来兮：叶圣陶，教是为了不需要教》，刘未鸣、韩淑芳主编，沈从文、叶圣陶等著，中国文史出版社 2020 年版，有删节）

海棠花下享天伦

墨 非

叶圣陶的故居是一座青砖黑瓦的三进院落，庭院带有石雕门楼、一字影壁和垂花门，北屋两侧各植一株海棠，南院两旁有一株白丁香和一株黑枣树。四株树之中，叶圣陶犹爱海棠。叶圣陶的邻居都是随他一起来京的朋友，其中宋云彬、傅彬然两家住在东西厢房，丁晓先住在南屋。叶圣陶居住的三间北屋比邻家环境要好很多倍，不仅装有地板和明亮的玻璃窗，还设有整洁的浴室。叶圣陶见朋友的家居环境比不上自己，心里觉得很不舒服，直到朋友们都搬出四合院，他才感到好过些。

西首耳房是叶圣陶的工作室兼卧房，书桌与南窗相对，一抬头就能看到窗外绿意盎然的爬山虎。在这间居室里，叶圣陶挑灯夜战，编写和校对了《汉语》和《文学》等多部教材，为学校的语文课拟定了教育范本；写下了《标点符号用法》，指导国人如何正确使用标点，并把国文改成了语文，这种叫法一直沿用了下来；出任《宪法》语文顾问时，逐字逐标点地审阅文章，一次次反复推敲；还为小学教材拟写了一首颇有童趣的儿歌，“弯弯的月儿小小的船，小小的船儿两头尖。我在小小的船里坐，只看见闪闪的星星蓝蓝的天”，启发孩子的想象力。他创作的文学作品还包括《叶圣陶童话选》《叶圣陶出版文集》《抗争》《夜》《平常的故事》《微波》《箧存集》《潘先生在难中》《叶圣陶散文》《我与四川》等。

叶圣陶除了工作之外，最大的乐趣莫过于和家人与朋友一起赏花。由于这座四合院是清朝建造的，庭院里的海棠树至少有百年的树龄了，北京人管这两株垂丝海棠叫西府海棠，曹雪芹在《红楼梦》中给了它一个很美的名字，叫作“女儿棠”。叶圣陶最喜欢看海棠开花了，每到4月中旬，叶圣陶都在为海棠树的花期倒计时，到了花开那天，叶圣陶会让叶至善的夫人准备好酒菜，邀请顾颉刚、俞平伯等老朋友赏花饮酒。几位80岁上下的老人，难得一聚，在海棠树下谈古论今，由于都不再耳聪目明了，常常由于耳背会错了意，弄出许多笑话，在感叹岁月不饶人的同时，不免笑成一片。

1987年4月，叶圣陶已是93岁的高龄老人了，冰心老人也来到叶家大院来赏花了。两位白发苍苍的老人在海棠花下拍了不少照片合影留念。叶圣陶的听力已严重衰退，冰心老人跟他讲话时需要趴在他耳边提高声音，他还是听不清，只有把手放在耳后拢音才能明白冰心说什么。他们交谈的时候颇像两个老小孩在亲昵地讲悄悄话。冰心发现叶圣陶的书桌上既没摆放书籍，也没摆放一支笔，那时叶圣陶视力完全模糊了，看不了书，更不能提笔写字了。冰心告辞时，叶圣陶赠给了她三朵刚刚盛放的郁金香，没想到这次别离，竟成了永别。次年叶圣陶就溘然长逝了。

从1949年到1988年，东四八条的老宅在岁月的磨砺中悄然发生着变化，而窗外的海棠依旧，年年花开，不仅见证了叶圣陶与老朋友的友谊，还见证了叶家延续不断的血脉亲情。晚年的叶圣陶时常坐在矮凳上给妻子修剪脚指甲。他戴着厚厚的老花镜，让妻子把脚放在自己的膝盖上，左手轻轻地端着妻子的脚，右手一丝不苟地剪着脚指甲，场面无比温馨。叶夫人卧病在床时，叶圣陶体贴入微地陪伴左右，甚至一度想推掉出国的工作。在叶夫人的再三劝说下，他才肯离家。二十多天回家后，他给妻子从国外带来好几件做工精致的牛角雕工艺品。妻子捧着这些有趣的物件一件件观摩把玩，脸上浮现出了灿烂的笑容。50天后，叶夫人与世长辞。叶圣陶无比哀伤，曾写下“排遣哀愁无计，姑作南州游旅，愁尚损春眠”的诗句来表达丧妻之痛。

叶圣陶在这所宅院里曾有过天伦之乐。幽静的院子里，叶圣陶悠闲地坐在藤椅上，正在咿呀学语的曾孙女坐在车里，海棠树下，一老一小并排坐着，画面无比和谐和温馨。这幅美好的影像被收录在照片里，成为抹不去的光影回忆。叶圣陶还特意写了一首五绝来描绘当时的场景："初有儿孙日，无如此日闲。阿牛闲似我，老幼共庭间。"而今那名咿呀学语的小女孩已经长大成人，而叶圣陶已经不在了，但大院里人丁兴旺，叶家的血脉在代代延续。北房的客厅里挂着叶圣陶的肖像画，在阳光的照射下，叶圣陶的面庞慈祥可亲，仿佛还是旧时模样。

（选自《叶圣陶海棠花下享天伦》，载于《先生归来兮：叶圣陶，教是为了不需要教》，刘未鸣、韩淑芳主编，沈从文、叶圣陶等著，中国文史出版社 2020 年版，有删节）

一声叶老觉温馨

臧克家*

祖国的生日过了，月亮的生日过了，紧跟着，我82周岁的日子也到了。亲友们，来电来函，有的亲自来看我，大家以“老”待我了。这，成为一份动力，促使我去拜望长我十岁，为我所敬、所亲，“一声叶老觉温馨”的圣陶先生。有两三年没有见到面了，知道他老人家动过两次手术，长期住医院，不许会客。前年，我到家里去看望他，扑了个空。几年之前，逢年过节，我总用彩笺、工整的楷体字写封贺函，第三天准得到回信，夸奖我的字写得好，惹他喜爱。今年国庆前夕，心想看望叶老带点什么去呢？就用宣纸写了一个小条幅，上题：“愿追随叶老脚步跨进二十一世纪门槛”。叶老住北小街，我住南小街，坐车十分钟可达。没想到，单行线，北小街一段，绕了个大圈子，我的心很急，欲速而不达了。

在东四八条那个南向的大门前，下了车子。一个40岁左右的男同志正在收拾一些旧报刊，看到我们来了，回头进了大门，想是先行报信去了。我

---

* 臧克家（1905—2004），山东诸城人。中国现实主义新诗的开山人之一，曾任中国诗歌学会会长。1923年入济南省立第一师范学校学习，受五四运动影响学习写诗。1925年处女作《别十与天罡》发表于《语丝》。1934年毕业于国立山东大学。1938年参加中华全国文艺界抗敌协会，当选为襄阳、宜昌两分会理事。他满怀爱国热情，冒着敌机轰炸的危险，三赴台儿庄前线采访，写成长篇报告文学《津浦北线血战记》。新中国成立后曾任《诗刊》主编，该杂志创刊号首次发表毛泽东的诗词18首。代表作有《难民》《老马》《烙印》《有的人》等。

由爱人郑曼扶持着进了这个我十分熟悉的四合大院，觉得不似往常，有黄花迎人，显得很素净。心里有点紧张，也没注意到叶老吟咏过的隔院里那棵“风拂似洒雨”的“高杨”。我们步入会客室，寂然无声。地上铺着地毯，我的脚步还是轻又轻地在上面移动。叶老喜欢养鸟，过去我每次来访，与叶老叙谈，玉鸟也放开了大嗓高唱起来，我们谈话的声音也听不清楚了。叶老叫人把一个一个精致的竹笼挂到室外去；而今，没了鸟儿，室内很幽静，但少了点盎然生趣。

一会儿，专门服侍叶老的孙媳从西间出来招待客人，至善同志也从东间出来，招呼我们落座。然后，他们一齐急步向西间内室走去，接着听到向叶老大声地报告客到，而且叫着我的名字。接着他们二位拥护着老人一步一步地向外走，郑曼也跑了上去，三个人扶持老人家在当中大沙发上坐下。我和郑曼分坐在两边的单人沙发上。

我双目注视着叶老。面庞清癯，而那两道浓浓的白眉，特别显眼。叶老，耳失聪，目失明，听话凭传达，自己说话也有点吃力。我说，两三年不见叶老了，心里很怀念，知道您需要休养，没敢多来打扰。我的话，经过传达，叶老点了点头。我们谈到，最近在《新文学史料》上读到叶老的日记，上面记着在上海、香港多次拜望叶老的往事，心里很感动。至善同志对我说，我爸爸多少年来，一直对您很亲切，也很看重，您的《烙印》，爸爸第一次拿到开明书店公开出版，而且列入了《开明文学丛刊》。我回忆到 1942 年在重庆、1946—1948 年在上海、1949 年初在香港相濡以沫的困难时期与叶老会面的情况，情感波动不已。在那险恶的环境里，记得叶老有两句名言：“有所为，有所不为。”这是很难能而可贵的。而今置身盛世，本来可以大有所为，但限于年岁，有病在身，只能独居一室，颐养永年了。至善同志介绍叶老的情况，他说，不能看书、看报，听收音机也有困难，顶多不过二十分钟；精力不足了，稍疲累就睡着了。想想叶老生平，心广体康，淡于名利，全副精力专注于文学、教育事业，奖掖后进，培植人才，建树多多，而不自居功。晚年，爱弄花养鸟以自娱，现在疾病夺其所爱，而内心平静，不怨尤，不急躁，心中充满和祥之气，对病痛的磨难，泰然、淡然处之，这非有大涵养，有高尚品德是难以做到的。至善同志又告诉我们说："爸爸关心国家大事，也注意文教事业，每天叫我们给他讲一些重要情况。"是啊，叶老，爱祖国，爱事业，爱朋友，身困斗室，但他的一条心牵连着大千世界。

这次去，特别带了个照相机，我们与叶老合影留念。把我带去的那条字，也照上了。我紧靠到叶老身旁，在他耳边大声地把我写的这十六个字念给他老人家听，我声音提得太高，心脏感到有点不适；而叶老侧耳倾听，看样子也大吃力！令我高兴的是，他到底听懂了，而且问我："还有多少年？"我回答："还有十三年！"叶老听了，自自然然，也不乐观，也不悲观，神态自若。我安心了。

看表，半小时已过，我们告辞了。几十年来，每次看望叶老，临走，他总是送下楼梯或送出客房，然后九十度地深深一躬。这一次，他只坐在原位子上，双手合十送客了。至善同志送我们上了车子。我心想，我与叶老一家都甚熟，也极感亲切。至善同志身负重责，对叶老至孝，他告诉我，他也已经69岁了。

叶老有个和谐的家庭，积福，老来也得福了。

（选自《一声叶老觉温馨——国庆前夕拜望圣陶先生》，载于《光明日报》1987年10月18日，有删节）

昆仑飞雪到眉梢

臧克家

“四人帮”横行之日，叶老赋闲在家，养鸟栽花，聊以自娱。他的独院，成了杂院，他安然处之，与迁入者和睦相处。这时，食虽有肉，而出已无车了。有一次，我去拜望他，院内阒静无声，花儿自红。叫了一声，我进入客房，至善夫人认识我，立即进西间通报，一会儿，他老人家快步向我走来，一睹颜容，内心便有一种温馨之感。对坐谈心，询问友朋情况，话语亲切，暖我心房。座上有两只笼子，一只笼子里是一只芙蓉，另一只笼子里是两只虎皮鹦鹉，叫得特欢。叶老上了年纪，有点重听，我们说话声小了，就不能声声入耳，加上鸟儿的叫声杂在中间，说起话来，彼此都有点吃力。怕声音杂乱，妨碍交谈，叶老要把两个鸟笼子挂到檐下去，我请求说：“不用，不用。”兴尽而返时，叶老少不了送出门来，又是近九十度的一鞠躬。

又一次早晨，我去看叶老，叶老不在，一个20岁左右的青年接待我，说：“爷爷习惯早起，出门去了。”我顺便问问叶老近来的情况怎样，身子硬朗吗？回答说：“我爷爷心胸宽大，不计较名利得失，养养花，喂喂鸟，写写诗，很安闲，精神挺好。”接着又说：“前些天，工人同志送给爷爷几盆花，爷爷为它写了诗。”说着，他拿出诗稿给我看，谢工人同志赠花的一首，感情真挚，朴素温厚，我极喜爱。

大约是1971年春夏之交的一天，叶老突然出现在我的会客室中，孙儿扶持着他。我一见叶老，又惊又喜，而惊大于喜。我高兴而又有点不安地说：“您怎么来了？！”

叶老笑着说：“乘公共汽车来的。”

“呵，应该叫个车子来呀，这么大年纪，还挤公共汽车！”

“公家事情多，就不添麻烦了。”

听叶老的话，感动得我眼睛有点潮润了。谈了大约一个小时，我送叶老到二十四路汽车站，车子一停，人山人海，我的心一紧！我一面推叶老上车，一面对叶老的孙子说，赶紧先上车抢个座！叶老安然地笑了笑，用手指了指一寸长的雪白的白眉，意思是说，凭这眉毛也会有人让个座的。

（选自《昆仑飞雪到眉梢》，载于《臧克家散文》，中国广播电视出版社1998年版，有删节）

第六章
田汉：筚路蓝缕去演戏

筚路蓝缕去演戏

吴作人 *

田汉先生和徐悲鸿先生，是当代两位极有影响的艺术家，也是我尊敬的革命前辈。他们在南国社时代就结下了深厚的战斗情谊。

在 20 年代初的上海，文艺界聚集着不少进步的人士，作家、诗人、画家、雕刻家等纷纷来到这里，从事新文艺活动。其中有些人是从法国回来的，有些人是从日本回来的。当然这些活动是那个历史时期的，多少带有进步性的。我是在苏州出生的。那时，我在苏州工业专门学校附设高中念书，1926 年才毕业。记得徐先生在 1925 年从法国回国一次，他在上海举行了一次展览会。那时我恰巧在上海。上海的《时报》还出了个画刊专页，用整个版面介绍徐先生的作品。我当时一看这画刊就感到很惊讶，对徐先生的艺术成就非常崇拜。我原来填的毕业志愿是本校专科的建筑系，1926 年高中毕业后（那时正是北伐时期），来到了上海，病了一年，直到 1927 年的秋天，我还没学美术，也还没有认识徐先生。

---

* 吴作人（1908—1997），安徽宣城人。1927—1930 年初先后就读于上海艺术大学、南国艺术学院美术系及南京中央大学艺术系，师从徐悲鸿，参加南国革新运动。1930 年赴欧洲学习，先入巴黎高等美术学校，后考入比利时布鲁塞尔皇家美术学院。早年攻素描、油画，晚年后专攻国画，境界开阔，寓意深远，融会中西艺术，是继徐悲鸿之后中国美术界又一领军人物。1984 年法国政府文化部授予他艺术与文学最高勋章，1986 年比利时国王授予他王冠级荣誉勋章。曾任中央美术学院院长、中国文学艺术界联合会副主席、中国美术家协会主席。

早在几年前（可能是1925年）的一个秋天，田汉先生在上海组织一些朋友搞新文艺活动，他对徐先生的作品和艺术造诣非常佩服，因此，特别为徐先生召开了个“消寒会”，在会上把徐先生介绍给上海文艺界人士。

要说我认识徐先生，那也是因为田先生的关系。1927年上海艺术大学暑期招生，地址在善钟路（现常熟路）。那时每到暑假，上海报上就登满了招生广告，其中有许多是只有几间房子，也没什么教员，招牌一挂，就办起大学来了。上海艺大登出启事宣传说有好几位名教授任教，其中就有徐悲鸿。我对徐先生慕名已久，就特地去报考。实际上这里不但没有徐悲鸿，连我们初级班的教员都从未见过。

进艺大不到一个多月，学校被封了。后来听说，因为有地下党组织（瞿秋白）在艺大活动。是否确实，尚待核实。我是住校外学生宿舍的，不知道被封。第二天早上，我照常去上学，在关着的校门上交叉贴了两张大封条，但侧门还开着。我再三打听，有人说是因欠房租，房东向巡捕房告了，学校就被封了。当时学校的地点属归法租界。没过多久，就听说田汉先生在设法复校。办了一个“鱼龙会”，没钱就演戏，就靠演戏卖座办学，结果赔了本。1927年的11、12月之间，田先生在上海艺人举行的全体大会，是在礼堂小舞台上召开的，有百把来人。田先生当时说请名人演讲，原来这位名人就是徐悲鸿先生。徐先生就讲了一番话，大意是说对艺术要“诚”，那些吹嘘骗人、盗名欺世的搞法不是真正搞艺术的，是虚伪。由于他特别强调的是一个“诚”字，我听了心里很感服。讲完后，徐先生向田先生提出要看看学生的作业，田先生就带着他到各教室去，最后带到我们那一班——初级班。徐先生看了看每个人的功课。他指着一幅画问：“这是谁画的？”有人告诉他是我画的，他便请田先生叫人把我找去，悲鸿师鼓励了我一番。那时流行用名片，他给了我一张他的名片，写上地址，让我星期天清晨七点半到他家去看画。这样，我才认识了徐悲鸿先生。

徐先生在上海艺大讲演会后，还发现了后来的著名女演员唐叔明。当然，起初发现唐叔明的是田先生。当时田先生正准备带领她出去演《苏州夜话》。徐先生也赞赏了唐叔明的才华。

田、徐先生这时想恢复上海艺大，想搞艺术革新，只是几次演戏赔了钱。记得有一次晚场演出，在善钟路学校的小剧场演，主要剧目是菊池宽的《父归》。只有一个观众，他是一位厨师，是主人买了票，不想看，给了他的。我们照样演得很认真。看了《父归》他痛哭流涕，没终场就走了。我们还照样演下去，自己看。

还有一次是我自己演戏的笑话。本来田先生，还有左明，曾想培养我演戏，我竟然也大胆上台了。同台的有陈凝秋（塞克）、顾梦鹤、孙师毅。那时，这些同志都是大角色，我这么个小萝卜头也去了。在下面台词背得好熟，上台一紧张，我就忘词。先是饰老画师的陈凝秋给我提词，提了还接不上，孙师毅又提，勉勉强强演下来了。演的是《未完成的杰作》，唯美派的作品。顾梦鹤演一名犯人。那次是在西爱咸斯路南国艺术学院小剧场演出，观众才一百多人。

田先生等就着南国社的底子，另外办了南国艺术学院，主要是三个系。田先生主持文学系，欧阳予倩先生主持戏剧系，徐先生主持美术系。他们三位的交谊非常诚挚，又有共同的艺术观点：艺术要扫除陈陈相因、大破因循守旧媚俗的低级趣味，建立革新艺术。所以，在追求这个革新艺术的运动过程中，他们是十分默契、十分亲密的。田先生为徐先生精心布置了美术系的画室，悲鸿先生看了也很满意。徐先生当时开始创作两幅大油画的稿本——《田横五百士》和《徯我后》，徐先生所画田横头像的模特儿是李石曾，田横对面的五百壮士群中前排的一人头像是以田先生为模特儿的。徐先生对南国美术系是无条件支持的。本来他回国后的工作是南京中央大学艺术系的教授，这时，他一个月里，在中大半个月，在南国半个月，而他在南国是完全不取报酬的。

1928 年初，寒假结束，南国艺术学院开学。到春假就去杭州了，有的演戏，有的写文章、画画。田先生还给大家照《伏尔加船夫曲》的曲调写了几叠西湖划船歌。田先生这时编剧本。他一边想，一边就直接刻在钢板蜡纸上。刻了就印，印了就发给大家排。田先生的这支快笔是很少有的。为了戏剧活动的需要，许多短剧都不打草稿，《湖上的悲剧》就是直接用蜡板刻出来的。主要演员王素、唐叔明等的像就是直接在蜡板上刻画出来的。田汉师真是不但能写还能画。他说他没有学过画，但爱画，当然他的主要精力放在写剧本上，要是主要放在画上，那完全可以是同徐先生齐名的画家了。

说到画画，田先生在上海吴淞火车站就画了个候车的人物速写，那形象今天看起来不是太美的了，是个一般的老百姓，戴着顶小尖帽壳。因为我那时就是画画的，手里老拿个速写本。田先生就从我手中拿了速写本，画了一幅很生动的速写。这说明田先生在艺术上的才能，不光局限在文字方面。

南国在杭州演《湖上的悲剧》，女主人公是王素演的；陈凝秋、万籁天先后演诗人这个角色。还有唐叔明演弟弟。他们还演了《古潭的声音》。演出之中，收到从留守在上海院本部的陈明中寄来的一封快信——告急：说蒋碧薇（当时是徐的妻子，后来离婚了）带了几个人到南国艺术学院，把美术系画室里徐先生的作品和从国外带回的美术品一齐都拿走了，还扬言，从此以后再不许徐先生跟这般共产党鬼混了。其实那时谁都没有入党。田先生就急忙让左明、陈白尘回上海，接着全体都回来了。我们美术系的学生看到画室里这一场残败景象都很难过。过了几天，我到南国艺术学院，在门口，刚好徐先生从外面进来，他对我说："我女人和我捣乱，我今天找田先生把事情说清楚——我们的关系、友谊、艺术观点是始终不渝的。今后，我虽然不能来了，但我们的友谊还在。"他问我住在哪里，我回答住在日晖里一家理发店楼上亭子间里。他说："你先回去，我一会儿再来找你。"过了大约一个钟头他来找我，他说已见到田先生，说了心意："我女人威胁我，要是我来南国，就和我离婚。多年的夫妻，也算是共过患难……""虽然暂时不能来，但今后艺术、戏剧运动上有什么问题，我始终要支持南国的。"他还鼓励我到南京去，我有点迟疑。他说："没有问题，就说是我的学生，哪个宿舍有空床，你就住进去。"我就按他的办法到南京待了一年多。

南国社第一次到南京演出，是 1928 年初。当时南京下了好大的雪。先是唐叔明、郑重（郑君里）和陆惠之给我写的信，告诉我南国要到南京演出，要我做准备工作。我就向在南京教书的徐先生说："南国来演出了，我也想去参加演出，我想请个假。"徐先生平时对学生是很严格的，我担心他不准。这回，他一听说南国的事，就连连说："好哇，好哇，去多久？"我说："至少三个礼拜。"他答应："行，行。"我便参加了南国在南京的演戏活动。

这时候，已开始办起了《南国周刊》，后来办了《南国月刊》。我第一次拿了三块钱稿费，高兴死了，去买了"罗宋"餐票[1]。那时就这样，没有钱，十几个铜板，三碗阳春面过一天，有了几块钱稿费，就吃"罗宋"餐，吃得大家很高兴。

田汉的三弟田洪是剧场老总务。穷，他也得想穷办法。在那个艰苦日子里，大家不觉艰苦，实在吃不上饭了，就到田先生家去。田老太太不论来多少人都管饭，没有米，就上当铺当东西，没凳子就站着吃。那时有些著名的戏剧工作者，都不嫌穷而来合作。除前面提到的一些当时名人外，还有洪深（是南国的积极支持者）、万籁天、顾梦鹤、唐槐秋、吴家瑾等（他们在每次公演时都担任重要角色）。至于陈白尘、左明、刘菊庵（今名刘汝醴）、张慧灵等，更是基本队伍了。后来在南京第一次公演时，还有吴似鸿、艾霞等参加。

为了找场子，我就去找南京民教馆主任赵光涛，他是个话剧爱好者，又是南国倾慕者。他立刻同意，我们就去民教馆住，也在民教馆演。找了两个大屋子，铺了稻草，人和简单的道具，济济一堂，好不热闹。

在南京城里演了些天，当时是轰动南京群众的。后来陶行知先生还请我们去晓庄师范演出。天下了很大的雪，没膝那么深。陶先生不知在哪里找来了一辆车给田先生和女演员坐，我们就徒步走。从晓庄到民众教育馆有三十多里路，我们从晚上九点钟，一直走到深夜三点钟，很有意思。那时我和郑君里、陆惠之、陈凝秋，都只穿着一件单汗衫在雪地里照相，自己觉得很英雄……

[1] "罗宋"是上海白俄人开的家庭小餐馆。一元钱买六顿饭票，一汤一菜，除甜食外，面包不限。

1929 年夏，南国第二次到南京。那时来了新演员俞珊。她原是上海音乐学院的学生，田先生发现了她，约她来参加公演《莎乐美》。南国演戏，布景一直用的布片，前后都用颜色冷暖深浅不同配合起来。开幕之后，加上简陋的灯光，让人感到它是有个空间，又很不具体。南国社开始用写实的布景，还是从演《莎乐美》开的头。田先生让我担任舞台设计，我说还没干过哩！田先生还是鼓励我。我想：这可糟了！《莎乐美》中有一场是莎乐美同国王和王后从楼梯上下来，后面是花园，花园有树。后来，我画了个草图给他，田先生说："行，就这样办。"我问："楼梯怎么做？"他说："剧场后面垃圾堆，有别人扔了的破楼梯。"他带我去看，一边指着那些东西说："你看很多好利用的。"这样，我们把破楼梯拖回来了，还找了一块带圆头的柱子。后面的花园我用了几根木条子钉一钉，树木也用木条子，然后用马粪纸剪了些树叶子往上一钉，上了色，这是南国社演戏以来的第一次写实布景。从那以后，写实布景就渐渐多了起来。

演《莎乐美》，也是经过和反动势力的斗争的。当时借来演出的礼堂是教会学校的，那个金陵大学就很反对演《莎乐美》的，我们不理睬它，照样演。那时拍了很多照片，其中有田先生送给我的照片，莎乐美抱着约翰的头的那张照片，就是那时拍的。由于 30 年代我带到国外，这些照片就成了海外孤本了。我一直保存着。到 50 年代，为了写《话剧五十年》，我交给了黎之彦，如今也不知下落了。

（选自《忆南国社的田汉和徐悲鸿》，载于《回忆田汉》，全国政协文史和学习委员会编，中国文史出版社 2015 年版，题目为编者加）

初识田汉

廖沫沙 *

1924 年秋冬之间，田汉先生全家都回到湖南长沙，寄住在黄芝冈先生家里，当田沅到长沙师范来看我，我向他提出要求，请其带引我与田汉先生见面。数日后，一天田沅伴我到黄芝冈先生家去拜访田先生。我们掀帘入室，见到一位身着夹长衫、瘦瘦的中年人，他正俯身床头轻声向一位病人询问什么。病人就是田汉先生的夫人易漱瑜。我们的脚步声使他回身一瞥，田沅拉着我趋步向前，轻声地向他介绍，他挥手示意，声音低得几乎听不到，是叫我“请坐”，当时环境如此，所以我只停留很短时间即行辞去。

这就是我第一次见到一向敬仰的田汉先生。易女士随后不久即逝世，田先生一家在长沙没有久居，又回到上海去了。

1927 年大革命中长沙发生“马日事变”，反动派在长沙开始大规模地屠杀共产党人和革命群众，当时我也被列入黑名单。正在此时，我接到田沅从上海寄来的信，暗示我：如在长沙待不下去，可到上海托大哥谋生。这真使我喜出望外。我即筹措路费，奔赴上海。当我到上海后，囊袋中只有仅能买

* 廖沫沙（1907—1990），原名廖家权，湖南长沙人，中国现代作家、杂文家。1928 年，前往武汉任《革命军日报》副刊编辑。1937 年抗日战争全面爆发后，随同田汉、阳翰笙、袁牧之等到武汉编辑期刊《抗战戏剧》。1938 年，参加田汉在湖南创办的《抗战日报》编辑工作。1939 年，参加郭沫若、夏衍在桂林主办的《救亡日报》编辑工作。1942 年，前往重庆任《新华日报》编辑部主任。

点大饼油条的钱了。我辗转找到金神父路日晖里田汉先生家。就和田沅同住在“亭子间”里。此后我曾在上海艺术大学聆听田汉先生的讲课。他循循善诱，繁征博引；也常常听他演讲，因之田汉先生确是我的良师，我总以汉师相称。在经常的接触中，我得出一个总印象：田汉先生不是一位雄辩家，而是“敏捷诗千首，挥笔走龙蛇”的一代才人。

（选自《谈谈我与田汉的交往》，载于《回忆田汉》，全国政协文史和学习委员会编，中国文史出版社 2015 年版，题目为编者加）

田家终日门庭若市

廖沫沙

和田汉先生同住差不多有两年的时间。记得他家的客人，真是川流不息，经常高朋满座，户限为穿。戏剧、电影、美术、音乐各界的朋友如欧阳予倩、徐悲鸿、洪深、周信芳、唐槐秋、史东山、孙师毅、叶鼎洛等。文学界的有郁达夫、蒋光慈、钱杏邨等。有些爱好文学和戏剧并对田先生十分倾慕的青年如陈凝秋、陈明中、陈白尘、唐叔明、金焰、吴作人、郑君里……人数众多，举不胜举。他们相聚，畅谈艺术之革命应以社会运动为主，艺术运动为次，主张艺术必须走为政治、为革命服务的道路。有时相聚慨叹国事之杌陧，民生之憔悴，外侮之频临，深感救国救民匹夫有责。记得创办长沙师范的老师徐特立先生在八一南昌起义后，经上海往苏联时，也曾抽空来看望他在长沙师范的高才生田汉。可见他老人家对田汉先生是十分器重的。

这几方面的人接踵而至，遂使田家终日门庭若市。

田先生对来访者，总是亲切接待。客人倘有所求，凡力所能及者，无不慨然允诺。特别是一些爱好文学的青年和逃亡到上海来的革命者，大多是初到上海，举目无亲，生活无着落、食宿成问题，先生毫不踌躇，给以援手。家里有空就住在家里，实在住不下就吩咐田三哥或田沅，到附近里弄找出租空房，但都到田家就食；能安排到上海艺大或以后的南国艺术学院学习的，就安排到学校去免费食宿上学。

当时田先生的家境并不富裕，也是贫而且困的，常常东贷西借，但是田先生以诚待人，慷慨好义。在他的一生中是一贯如此的。

尤使我敬佩的是田先生的贤母——我称为“田伯妈”，她真可敬可亲，对我们亲如子侄，对儿子这种博施济众的行为，不仅毫无怨言，而且含辛茹苦，竭力设法应付这窘困的场面，自奉俭约，性最乐群，宁可自己节衣缩食，却让客人吃饱，实在到了倾囊倒箧接不上的时候，就夏天当押冬天衣被，冬天当押夏天衣物，用以换钱去买米买菜。

（选自《谈谈我与田汉的交往》，载于《回忆田汉》，全国政协文史和学习委员会编，中国文史出版社 2015 年版，题目为编者加）

南国风格

周伯勋 *

记得1929年的上半年，我曾在创造社的一些同志办的上海艺术大学的文学系读过书。郑伯奇是创造社创始人之一，也是上海艺术大学的教授，他和我是陕西同乡，而他的老父和我的老父又是朋友，我到上海时，就是由他帮助才考进上海艺术大学的，我也因此认识了不少与创造社有关的名人。后来做女演员的王莹同志，就是我这时的同学之一。

由于我和郑伯奇有同乡关系，郑有时就带我出去走走。有一天下午，郑约我去民国路（现在人民路）“梨园公所”去看南国社的第二次话剧演出。

到剧场时戏已经开演了。这一天所看的话剧有《苏州夜话》《第五号病室》《湖上的悲剧》《南归》等剧，演员有唐槐秋、万籁天、陈凝秋、左明、王素、吴似鸿、唐叔明等人。戏演得很好，演出的时间也很长，演完后已快天黑了。

散戏后，郑伯奇就带我到后台去看田汉。

---

* 周伯勋（1911—1987），陕西临潼人。1928年考入上海艺术大学文学系，不久加入南国社，1930年转入上海持志大学，参加左翼作家联盟和左翼戏剧家联盟。1931年，在大道剧社参加《火的跳舞》《街头人》等进步戏剧的演出，其后相继在《桃李劫》《自由神》《都市风光》等影片中饰演主角。1936年返回西安，担任西北各界救国会宣传部副部长。在他一生近四十年的电影、舞台生涯中，共饰演了几十个经历不同、身份各异的反面人物。他力主反派正演，是中国影坛上以擅演反派角色知名的老演员之一。

到后台，他们已快要吃晚饭了，饭菜都已摆好，可我看见那些演员，一个个都以不同的姿态坐着，有的人眼中还流着泪哩。我看了很纳闷，轻声问郑伯奇他们这是怎么回事？郑叫我不要问。他却出声问：“寿昌在吗？”这时有一个坐在后边正和另一人说话的人站了起来。他向我们走来，他一面走一面对郑说：“你们来看戏，我已经知道了，因事忙没来得及接待你们。这位是……”他说着向我一指，郑先生就介绍我的姓名，说我也是“艺大”文学系的，也是爱好戏剧的，又对我说：“这位就是你久已闻名的大戏剧家田汉先生。”我当时很高兴地一面热烈和田先生握手，一面很快地打量他。只见他上身穿一件藏青色的西服，白衬衫上却把领带去掉，下身穿条灰色西裤，脚上穿着一双黑色皮鞋，都是旧的。头发长长的，脸型较瘦，两眼却炯炯有神，带着微笑注视着我，使人一见面就有亲切之感。

他对郑伯奇说：“演员们刚下了台，在台上演戏时悲伤的情绪使他（她）们激动，到了后台还转不过来，今天演的时间又长，已过了吃饭的时候了，可他（她）们还吃不下去，我正和槐秋想办法要劝他（她）们快去吃饭，晚上还有一场戏要上哩。”这时我才理解后台人们那种神态的原因。我也想到看他们演出时自己也流泪的情况。当时很同情他们，但却又不大了解，为什么他们的演出竟能如此感动人呢？心里想这大概就是传说中的所谓“南国风格”吧。这时郑先生对田汉先生说，你们的戏演得真好，我们这一位（指我）一面看戏还一面流泪哩。所以我们到后台来谢谢你们。时间不早了，你们快吃饭吧。我们就走了。

于是大家握手而别。田汉先生直送我们出后台口。

（选自《南国社查封之前的一段活动》，载于《回忆田汉》，全国政协文史和学习委员会编，中国文史出版社 2015 年版，题目为编者加）

田妈妈请客

周伯勋

到后一个时期，上海几个大剧团都先后作了大的演出，南国社要演出《卡门》，我便买了前两天的戏票。所以第一二天的演出我都看了，还想再买第三天的戏票，但却未买到，说是见到当天报纸上的广告后再来买票。而第三天报纸上却没有登演出的广告。

就在这个时候，我决定参加南国社，于是就给田汉先生写了一封信，在接到回信后，便去拜访田先生。

与田先生约定的地址是打浦桥日晖里四十一号。因为找门牌我走的是前大门。门是半开着的，我推门而入，厅堂间有一位年轻的姑娘，她问我找谁？我说是田汉先生约我来的。她就走到楼梯口大声喊："田先生有客人来了。"说完她就走开了（后来我才知道她就是胡萍，那时也住在田家的）。田先生跟着就下了楼，他一看见我就说："你是周伯勋先生吧？"一面和我握手，一面笑着说："我们不是早已认识了吗？还是郑伯奇兄介绍的呀。你给我的信写得太客气了。"他亲自给我送来了一杯茶。在交谈中，我谈到想参加南国社时，田先生说："我们是很欢迎的，不过现在连演出都被迫不能继续下去，又欠了一些债，现在正是最困难的时候，我们最近是不可能有什么活动的。"我说："有困难我不怕，不演出对我更好，因为我的普通话还说不好哩。我只想参加你们社，你们做什么我也做什么就行了。"田先生哈哈大笑说："你很爽快，也很坚强，在这时候还来参加，是个好朋友，欢迎你来和我们一块儿吃苦。”我问还要办什么手续，要写什么表格吗？他笑了说：“我们都不来这一套。你明天吃晚饭时来，那时人来得多，我把你介绍给大家，大家就认识你了，以后有什么活动就和大家一道活动，今后你就是我们团体中的一员了。”我就是这样参加南国社的。

我第二天提早吃了晚饭，就去日晖里田汉先生的家。到时楼下客厅中已坐了好几位青年，田汉先生也在座，他只把我介绍给这几位，他说再等一会儿大家都来了，再给你介绍吧。接着又进来了几个人，楼梯口有人喊吃饭了，大家上楼去吧。听声音还是昨天喊田先生的那个姑娘，我就说，已吃过饭了，田先生说，去，去，大家都去，吃过了也得再吃些，他问我能吃酒吗？我说能吃一点儿，他笑了说那就好，我喜欢吃酒，咱们就对几杯吧。

上了二楼，前楼房间内已摆好了一个大圆桌，我心想，怎么还大请客呢？等大家都入了座，跟着就送上了六七碗家常菜，历来都是田汉先生的母亲自己做的，又送上了两大壶酒。田汉先生就对大家说：“今天不错，还能弄到酒吃哩。”还是那位姑娘说，老太太叫我把她唯一的皮衣拿去当了，这才买了酒、菜、米回来的。田汉先生就对我说：“当东西是我们的常事，你大概还不懂吧？”我说我懂，我也当过东西的，这时座上的人都笑了。田汉先生说：“那就都吃一杯吧。”他又对我说：“我昨天没有对你说清楚，今天就是为请你这位新来的朋友，妈妈才自己做菜，这都是湖南菜有辣味，你行吗？”我说正好我们陕西人也是吃辣子的。那么老太太忙了半天，应该先敬伯母的酒才是。田汉先生说：“我妈妈菜还未做完，做完后她就会来的，你倒不必客气了。”

说着，他就给我介绍在场的人了。计有：辛汉文、宗晖、张恩袭（即张曙）、郑重（即郑君里）、黄素（即黄芝冈）、张谔、田洪（又叫三爷）、田沅（又叫五爷）、胡萍（女）、吴似鸿（女）、康白珊（女），还有一位三十多岁的女士，大家称她为“米司”林（后来才知就是林维中——田野的妈妈）。这些人一个个都和我握了手，大家又举杯一饮。田先生几杯酒吃下脸就红了。辛汉文说老大只喜欢酒，但他不能多吃，吃多就醉了。田先生接着说，就在我们最困难时，还有新朋友来参加我们的社，为此妈妈也当了衣服请大家吃酒，这都是没想到的事，我们大家应该高兴。现在我们虽然不能演出，可我们也不能闲着，总得做点事才好。我提议从现在起，我们每星期聚会几次，可以谈时事、谈当前的政治；同时我们也可以系统地学习中国戏剧史，在这方面有我们的专家黄芝冈先生可以给我们开讲座，大家也可以各自谈谈心得或意见，这样不至于虚度了年华。对于我加入社后如何进行工作，也可做些准备呀。

大家都同声赞成。黄芝冈先生说："'专家'二字我不敢当，和大家一道谈谈是好的。"我说："就决定每星期一、三、五是固定聚会日，其他日子作为自由活动。"大家听后都说就这样决定吧。饭后大家还谈了些闲话，这时老太太也上楼来了，我拜见了田母。田母就是这样一直支持田汉活动的。

（选自《南国社查封之前的一段活动》，载于《回忆田汉》，全国政协文史和学习委员会编，中国文史出版社2015年版，题目为编者加）

可亲可敬的妈妈

吕 复*

田汉同志在1939年到1940年那两年，曾留在长沙，当时与我们抗敌演剧队的二、八两队同住长沙北门的留芳里。我在这里见到了田汉同志的母亲，我们称田老太太为“娭毑”（湖南人对祖母的称谓），这位老人历来支持田汉同志的生动故事，我们听得一些，这次同住留芳里，看到她非常疼爱田汉同志，也非常信赖田汉同志，这位母亲同儿子的深厚感情令人感动。当儿子能在身边住上几天，她就为之烧菜做饭，让儿子能安心写作。当她听说儿子要去前方，她就为之整理行装。田汉同志对母亲也是素具孝心的，写作之余，总要跟母亲攀谈一阵子，田汉同志是好客的，田老太太也很好客，无论是田汉同志的宾朋好友，或是田汉同志的后辈学生，她都一律和蔼相待。我们去了，就留下吃饭，待如亲人。日寇几次进攻长沙，以及1944年的湘桂撤退，田老太太也成了我们演剧队的成员，经常一道行动。田汉同志却经常外出奔忙，归来时，老人高兴，外出时，老人担心。她对儿子因公外出经常不在身边也总能耐心等待，我们从她的言行中，感到这位老人很能顾大局、识大体，

---

* 吕复（1879—1955），教育家、社会活动家。1903年考中举人，1905年赴日本留学，曾在日本东京参加由孙中山领导的同盟会，并在同盟会机关报《民报》任编译工作。1911年回国，曾当国会众议院议员。曾任燕京大学、广州中山大学教授，中国大学校长。1954年，任第一届宪法起草委员会主要顾问，为新中国第一部宪法的方针原则制订做出了贡献。

懂得革命的道理，支持革命的儿子，是一位可敬的革命母亲，我们常见她倚门坐待儿子归来的身影。

后来，听说她活到101岁，神智依然清晰，那已经是1972年初了，听说她老人家每天都坐在当门的椅子上，像从前一样等待着儿子的归来，直到寿终，她哪能知道田汉同志已经早在四年前的1968年12月就屈死在“四人帮”的冤狱里了呢？我在被“四人帮”关押和隔离期间曾有丧母之痛，我母亲也是1968年12月病故的，当时关押我的人不让我知道，更谈不上让我奔丧了。我母亲死时也是不知儿子的去向，和田老太太的心情是一样的。当我事后得知母丧信息时，已是四年以后的1972年了，我以未能在母亲临终前得见一面为憾。因此，我对田汉同志曾在临终前要求能见母亲一面而未得允许，那种饮痛难消的心境是深能领会的。为了怀念田老太太，我们在1979年的田汉追悼会后，又为田老太太举行了追悼仪式，我以无限怀念的悲痛心情参加礼拜时，流了泪。这泪水是为百岁老人流的，也是为田汉同志流的。

记得田老太太和田汉同志同住长沙留芳里时，那是1939年，我们二、八队为了给田汉同志创造好的写作环境，曾在留芳里的东首另外找了一间农舍茅屋，我们和田老太太一道安排好田汉同志的生活，这位老人只要看到儿子能一心扑在工作上就心安。在这个时期，田汉同志几次深入抗日前线去了解军民生活。有时带着演剧队的创作人员去湘北，到粤北，不辞辛苦地在战地奔波。一旦回到长沙，来不及休息，顾不得同母亲聚谈，就到了演剧二、八队的住地，向大家做报告，讲形势，讲战地见闻，以增强演剧队员们的抗战信心。当他了解到演剧队受到国民党反动派的迫害与刁难，为了坚持这个地区的抗日宣传工作，经常要排难解困，有些队员心中难免有些苦闷，总在担心个人前途时，就对大家说：“只有抗战有前途，我们个人才有前途。”许多演剧队员常用田汉同志的这句话，勉己励人，一心扑在争取抗战胜利的工作之中，端正了个人与抗战的关系。

（选自《怀念田汉对演剧队的深情》，载于《回忆田汉》，全国政协文史和学习委员会编，中国文史出版社2015年版，题目为编者加）

关怀民间艺人的疾苦

冯法祀*

40 年代初期，有一位孙氏组班的马戏团，原在苏联巡回演出，素负盛名。抗战爆发后，经东北返回祖国，参加抗日。但是，由于国民党根本不重视杂技艺术的发展，对之不闻不问，使得庞大的马戏团难以维持生活，逼得他们不得不把大型野兽如熊、狮、虎、豹等屠宰殆尽，以减轻负担。这个马戏团来到桂林、柳州一带表演，他们的飞刀和空中飞人等绝技，受到广大群众狂热的欢迎。可是，由于他们的事业得不到政府的支持，生活水平不断下降，造成演员营养不良，以致在一次空中飞人的表演中失手，摔死了一个女演员。

对这个团的不幸遭遇，田汉十分同情。他著文呼吁，四方奔走营救；并发动了演剧四、五队队员，和马戏团的团员们交朋友，给予他们精神上的鼓励与支持。田汉对于民间艺人的关怀与支持，又何止这一件，他作为一个革

---

* 冯法祀（1914—2009），别名骆风，安徽庐江人，著名油画家。19 岁考入南京中央大学教育学院艺术科，受业于徐悲鸿、颜文梁、吕斯百、潘玉良等大师门下。1937 年参加中国工农红军（后改编为第八路军），到过革命圣地延安。1940 年参加抗敌演剧队，1942 年受聘为中国美术学院副研究员。1950 年后任中央美术学院首任绘画系主任兼油画系主任。作品中以 50 年代创作的巨幅油画《刘胡兰就义》最为著名。

命戏剧运动的耆宿，团结了不同剧种和难以数计的从事救亡工作的文艺工作者，为抗战做出了巨大贡献。

（选自《忆剧坛耆宿田汉同志》，载于《回忆田汉》，全国政协文史和学习委员会编，中国文史出版社 2015 年版，题目为编者加）

关注电影艺术

司徒慧敏*

关于30年代，田汉鼓励我们参加电影工作，我还必须补充讲一点。1933年，我试验搞电影录音机，那时国内所有的电影机器都用外国机器，上海的放映机、胶卷都为美国洛克菲勒、摩根、杜邦财团垄断。机器都是美国机器，掌握技术的也是外国人，而且对中国人还要保密，外国人和中国人的电影工作人员待遇也是天差地别的。夜间工作，中国人的夜餐费是二角，而外国人则是三元六角。我搞的是电影技术，田汉是写剧本的，却很早就注意到电影摄影、洗印、录音等技术问题。他说，话剧、写文章问题不大，搞电影不掌握这些东西是没有前途的。他极力鼓励我们建立自己的机器设备，掌握我们的技术。后来我们搞出来了，支援了进步朋友拍片，如蔡楚生1934年拍的《渔光曲》《新女性》，孙瑜拍的《大路》等，用的是我们自己的录音机器，田汉同志还亲自带一个英国人、一位进步朋友马莱爵士，到我的试验

* 司徒慧敏（1910—1987），广东开平人。中国著名电影技术家、导演。1928年赴日本学习美术。1931年与堂兄司徒逸民合作研制成功“三友式”电影光学录音机，是中国最早制造的录音机之一。1933年成为以夏衍为首的中国共产党电影小组成员。此后导演了《自由神》《血溅宝山城》《游击进行曲》《白云故乡》等影片。1946年赴美国学习电影制作，导演了纪录片《中国民族舞蹈》，该片获1948年爱丁堡纪录电影节优秀奖。1952年回国后长期担负电影技术和事业方面的领导工作，曾任文化部副部长、中国电影家协会副主席。

室来参观。外国朋友说，你们中国人注意到电影技术和电影艺术的关系，你们走在前头了。有声电影是1926年在美国首次公映的，我国的电影录音机只晚了七年，1933年我们就试用了，其中田汉的鼓励起了极大的促进作用。田汉是搞艺术的，他不像一些搞艺术的人往往忽视技术，他看得很远，这种精神值得学习。

（选自《田汉与革命电影》，载于《回忆田汉》，全国政协文史和学习委员会编，中国文史出版社2015年版，题目为编者加）

我想想，想想

司徒慧敏

在30年代初见到田汉之前，我曾见过他写的自我批评的文章，《从银色的梦醒转来》《我们的自己批判》。初次见面印象更是难忘。那是我刚从日本回来，在上海环龙路一间二层楼上的艺术大学课堂上听田汉讲演。记得当时党的一些同志也参加了，周扬也在场。田汉讲了近半个小时之后，突然一位同志站起来批评他讲的内容不对（我不记得他讲的内容了）。只记得他用很重的湖南口音说："我想想，想想……"当时我曾担心，田汉是领导过南国社的大名鼎鼎的人物，当场被人顶撞了，"想想"又怎么下台？他想过之后，谦虚地说："我刚才讲的确实不对……"

他又重新讲下去。不论他讲的什么，讲得怎样，我感到他的精神非常可贵。作为文艺界的领导人之一，敢于承认错误、改正错误，并且是觉得不对就改，我以为那就很好，很了不起。

（选自《田汉与革命电影》，载于《回忆田汉》，全国政协文史和学习委员会编，中国文史出版社2015年版，题目为编者加）

吃饭的人围了一圈又一圈

司徒慧敏

1942年2月，香港沦陷后，我和夏衍等同志从香港回到桂林。田汉前来迎接我们，他热情奔放，使劲同我们拥抱，甚至把别人插在胸前的自来水笔都弄断了。下了车他就把我们接到他家去吃饭。沿途他见着他的朋友就告诉人家，夏衍、蔡楚生、司徒他们从香港回来了。

我们这群人来到他家，屋子不大，坐了满满一桌，后来的人没处坐，围了一圈又一圈，坐满了内圈一层人，外圈还站着两层人，屋子挤得满满的。饭吃光了，田汉的母亲田老太太就出去买豆腐，豆腐非常好吃，我们大家全吃饱了。

正如夏衍同志说的，那是一顿可爱的大锅饭。田汉热爱同志的精神给我们留下了非常非常深刻的印象。

（选自《田汉与革命电影》，载于《回忆田汉》，全国政协文史和学习委员会编，中国文史出版社2015年版，题目为编者加）

田汉先生来看戏

郑亦秋*

我最初和田汉先生结识是在 1939 年，当时我与南方四大名旦之一的刘筱衡一起，带着一个京剧演出组从湖北宜昌到桂林演出。那时他正在抗战的后方桂林一带，从事着抗日救亡宣传工作。

记得我们到达桂林的第二天，刘筱衡就约了几个人一起去看田汉领导的平剧宣传队的演出。这一看可真开窍，大开我们的艺术视野，特别是对京剧改革有了新的认识。那天晚上，平剧宣传队演出的剧名虽是一些京剧老戏，如李迎春的《长坂坡》、徐敏初的《打棍出箱》、李雅琴的《三堂会审》，可是，这次的演出，却别有一番新意。他们没有把旧戏原封不动地搬上舞台，而是将一些"噱头"、不健康的唱词都删掉了。一个戏有一个戏的风格，整个舞台十分严肃，没有俗气之感。

我边看戏边对坐在旁边的刘筱衡说："这台戏可真不错，内容高雅，不落俗套，真有个精神劲儿。"还没等我说完这句话，刘筱衡用手一指坐在前排一个戴着眼镜、穿着西装的中年人说："喏，那就是鼎鼎大名的田汉先生。"

---

* 郑亦秋（1914—1994），原名郑国轩，字以行，山东台儿庄人，著名戏剧导演。抗日战争中保卫大武汉期间，担任抗敌宣传第一队队长。1941 年参加田汉组织的文艺歌剧队，赴长沙、湘潭、衡阳等地演戏，并主演田汉剧作《岳飞》《双忠记》，导演、主演《明末遗恨》《卧薪尝胆》等戏宣传抗战。

我顺着他手指的方向看去，田汉正异常兴奋地瞧着台上的表演，还不住地鼓掌。这时，我心里揣摩，过去就曾听人说，田汉先生如何了不起，他致力于京剧改革有胆识。今天，面见其人，又看了在他指导下演的这台戏，果真是名不虚传。我不由得对田汉先生更加敬重，暗暗想到，如果有一天能和他合作该多好哇！

到桂林后不久，有一天我们在国民大戏院演出，演的是改编历史剧《明末遗恨》，开场前二通鼓刚打过，管事的就走进后台说，田汉先生来看戏了。我听了这消息，开始还有些紧张，在我旁边扮装的刘筱衡看到我的神色，便转过脸来说："亦秋，别紧张，田汉先生可不是那些专挑刺儿来扒人的，他最支持改革。你就放开来演吧！"这是刘筱衡先前与田汉接触的体会。确实，在我后来和他接触中愈加感到，田汉先生没有咬文嚼字的文人作风。

戏散后，我刚要卸妆，这时从外面走进来平剧宣传队的人，为首的就是穿西装的田汉。他一进门，就操着带有湖南口音的普通京白话不停地向后台的人道谢："辛苦了，辛苦了。"当他走到我面前时，刘筱衡迎上去恭敬地问候："田先生，感谢您光临，请多多指教！"说着，他又把我介绍给田汉先生。

我这时有说不出的高兴，连忙躬身抱起拳来说："田先生，我演得不好，请田先生指教。"

田汉见了我，满脸绽开了笑容，拿着一把扇子也抱起拳来爽朗地说："久仰、久仰！你演的戏还是挺规矩的，不像有的南方演员那样的火暴。"

初见田汉先生就感到他很随和，十分和蔼可亲。这初次的会面很短暂，他忙忙碌碌地只说了两句话，就带着人匆匆走出后台。想起我们第一次结识的情景，至今还是历历在目。

（选自《我的良师益友》，载于《回忆田汉》，全国政协文史和学习委员会编，中国文史出版社 2015 年版，题目为编者加）

一盘辣牛肉干

郑亦秋

记得有一天，我到桂林街头去散步，顺便买些牙膏、肥皂等类的东西，一进街头，就看到许多人抢着买报。

卖报的大声吆喝：“特大新闻！快来买报哟！有关陈嘉庚的消息！”

这下也把我吸引过去了，于是挤进人群买了一张报。我赶忙打开报纸，看到一条显眼的新闻，大字标题是“陈嘉庚是汉奸”！我看了大吃一惊。因为那时在我心目中，陈嘉庚是一位了不起的华侨富商，他很爱国，在南洋一带积极组织募捐，支援抗日救国。我很纳闷，怎么一下变成了汉奸呢？我不明白，就拿着报纸去找田汉。

田汉看到这条消息时勃然大怒，瞪起眼睛大声说：“你是不懂政治！不懂政治呀！”

他这么一说，更使我莫名其妙，只得听着。过了好一会儿，他静下心拍着我肩膀说：“亦秋，这可是骗人的，要把眼睛擦亮呀！”接着他又详细地介绍了陈嘉庚的人品，说前不久陈先生在国民政府参政会上，痛斥孔祥熙假抗日大发国难财的罪恶，从而刺痛了孔氏，因此孔系报纸就造谣中伤……

经田汉先生这么一介绍，我才恍然大悟，也使我大长见识。事后不久，果然在昆明爆发了反孔的大游行，使我对孔家有了更清楚的认识，也愈益感到田汉政治见解的敏锐。和他结识，受益匪浅。

后来，六战区把歌剧队的人要了去，准备组织个京剧团。我便征询田先生是去还是不去。田汉说，不要参加，因此我就决计回江西演戏了。

离别桂林的那一天，我买的是晚 7 点的火车票，下午就到街上转转。可巧，我路过三明戏院时，见到他的学生，那学生说："田先生正在找你呢！"他的话音刚落，只见田汉和几个人向我赶来，其中有孟超。田先生见了我就说，走，走，咱们去看画展。他不由分说，就拉着我去沈逸千画展室。等看完画展，田先生还是拉着我不让走，正赶上沈逸千请田汉、孟超吃饭，这么三拉两扯就来到一家饭馆里。他们坐下来，点了几个菜就开始谈画的事，我坐在一旁左看表右看表，心里惦记着上火车的时间。等田汉知道我上火车的时间，他才和我说上话，他问："怎么，你今天就走，有什么要讲的或要办的？"话没说多久，跑堂的端上来一盘辣牛肉干，田汉不等主人发话，找来一张报纸，把这一盘辣牛肉干倒在纸上，随口说："你路上带着吃，湖南的辣牛肉干蛮有味道！"

这时孟超说："亦秋，我听说江西那边还是挺沉闷的，有志兄去就好了。"

这一分手，直到北京解放新中国成立的时候，我们才重逢。见面时，我的第一句话就提起那盘辣牛肉干来，三个人笑作一团。

1943 年，我在江西排演了欧阳予倩的《潘金莲》，还参加了戏剧改革的工作。其间，田汉虽在遥远的西南，却一直非常关心我，他先后给我写来二十几封信，孟超托他内弟凌思复带给我一本他的杂文集和田汉的问候。可惜，经过十年动乱，田汉的大部分来信都毁掉了，幸存下几页残片。前不久，田汉的三弟田洪看见便借去用。有的信的内容我还记得清楚，其中一封信上说："亦秋兄，此间报载，我兄在江西搞戏改委员会，我和孟超听了都很高兴……"

还有一封信上说："此间盛传，我兄在江西已然去世了，在抗战中牺牲的人士中，几乎又加进我兄的名字……"

（选自《我的良师益友》，载于《回忆田汉》，全国政协文史和学习委员会编，中国文史出版社 2015 年版，题目为编者加）

《双忠记》

郑亦秋

一天，田汉兴致勃勃地走进屋子，见了我们便问：“有没有钱？”说后嫣然一笑。

我们见他这副神态便也会意地笑开来，知道一定是他写的文章换来了钱，他兜里不空了。这时，我便对众人说：“喂，诸位知道吗？今天田先生可是财星高照，请咱们吃面去！”经我这么一说，大家七嘴八舌地嚷嚷了一阵，最后一致要求田先生带着大伙儿去城里吃凉面。田先生看到这个场面乐得合不上嘴，没说二话转身往外走。我们一个个眨眨眼习惯地紧跟后面，这样一拉一帮人，到桂林街上吃凉面去了。

这天，气候比较冷，田先生胳膊上还搭着一件薄大衣，边走边指指画画，大讲桂林的几处好风光。当我们刚走进桂林城里，在迎面街头的一扇大墙上，贴着一张大“海报”，十分醒目，下面聚着许多人。我们走近海报前细细观看，海报的内容是为了纪念明末以身殉国的烈士张别山，由李济深、巨赞等名流人士牵头组织别山会。张别山号同敞，他是明末忠臣瞿式耜的学生，后来与瞿一起在桂林殉难。

田汉站在海报前一目扫过，便对我讲：“亦秋，咱们给别山会演个新戏好不好？”

我随口说：“好哇！那就等您编剧本了！”

自从那次随便交谈后，田汉还真的与李济深先生组织的别山会商妥，要给他们演个新戏。

再有一次，我和田先生一起到月牙山躲空袭警报，只见他手里捧着一大厚本明史，在昏暗的防空洞里，借着一点亮光仔细翻阅。要不是我提醒他，解除警报的笛声响过了，他还待在洞里看书呢！

事隔多日，一天，下午两点多，他突然派来一个学生捎信叫我去，说田先生有急事找我，要我马上去。我一听这么紧急，就立即跟在后面去见田汉。

刚进门，田先生便对我说："唉！上次和你讲的，演个新戏，今天晚上就上！"

我听了这个突如其来的消息，十分惊讶地问："演什么新戏呀？"

田汉马上站起来一本正经地说："不是和你讲了？给别山会演个《双忠记》。"

我问："《双忠记》？那谁演呢？"

田先生说："你主演，我已经通知西南行营了！"

我连忙说："田先生别开玩笑了，这比不了演旧戏。新戏得一场一场地排。那我可演不了，要演您演，我帮着排戏还可以。"

这时，田先生不由我说，执意让我现排现演，像哄小孩似的说："就你，就你，没你还不行……"说后，他又叫来李迎春几个人进了屋，田先生三言两语就让大家开排新戏《双忠记》了。让我演瞿式耜，李迎春演张别山。

先是他拿起稿子给我们念，说剧情，讲得慷慨激昂，等我凑上前一看，原来他手里的稿子才写到第二场。这时，我就问："田先生，你编完了吗？"

他赶忙说："编完了，在脑子里还存着几场，那你们先排着，我把后面的戏写出，咱们编、排两不误……"说后，他欣然走进里屋去了，把我们撂在外面。这一下我没辙了，只好和李迎春几个人商量着串戏。

一会儿，我们总算把他写的第一场拉下来了。在第二场戏里，田先生写了一段很长的［二六］唱词，我怎么也记不住，就去找田先生请他改改词，进屋一看，田先生手里拿着几张稿纸正在屋里来回走着。一见我进去就将稿子塞进我手里，说："给你三场的稿子……"

我接到稿子内心一惊，万没想到田先生编戏这么神速，我二话没说就退出来。可是竟把改词的事忘了，刚要往回走，一想算了吧！别再打搅田先生了，我们商量商量再说吧。

下午 5 点多，前三场戏将近排完，这当儿田汉也从屋里走出来，把最后一场戏的底稿交出来了，又说："瞿式耜给张别山赠了一首诗，亦秋，你看是当场写？还是事先写？"

我回答说："您的字漂亮，现在就手写下来吧！"

田汉笑盈盈地叫着拿笔拿纸，大家争着看田汉写字。

过了一会儿，待他写完字我凑上前俏皮地说："田先生您的字写得潇洒飘逸，可您写戏词一句那么长，叫我记不住。在台上我要实在唱不出来，我可就'念英文'啦！"

田汉乐呵呵地说："行哟！平（京）剧念上了英文，那就成了世界剧了！"

在文艺歌剧队时，我们经常开玩笑，为着热闹一番。别看嘴上逗哏，但做起工作来，却是非常严肃、非常认真的。

就这样，我们经过一个下午的时间，《双忠记》就一气排出来了。

当天晚上我们演出《双忠记》，前面垫了两出小戏，田先生邀请了"别山会"的人和许多朋友来看戏，戏演得很有气势。

演出结束时，田汉走进后台，见了我们哈哈大笑，嘴里不住地说："大家辛苦，你们演得还真有点烈士的风格！"

又有一次，在桂林的桂剧、湘剧、平剧联合演出，地点在广西剧场。上演的戏是桂剧谢玉君的《芦花河》、湘剧吴绍芝的《打猎回书》一折，最后是我们的《双忠记》。

这次，田汉请来洪深看戏，事先他还加了一段戏，是孔有德见瞿式耜（内容是孔来劝降清兵），演起来还真有戏，特别是戏文里，田先生又精心加写了瞿式耜的一大段念白。我练了一个下午才算弄下来。

晚上演出时，我在台上刚念完这一大段白口，立刻听到坐在台下的洪深激情满怀，扬起喉咙，喊出一声洪亮的声音"好"！

喊的这一“好”声，使我一惊，不知出了什么事，当我见到洪镇时就问，你爸爸喊什么呢?

他回答说:“他是为田先生写的好台词喊好啦！”

这一下，更使我体会到田汉写戏的功力。这种功力是他写的剧本的思想深度和艺术魅力之所在。

（选自《我的良师益友》，载于《回忆田汉》，全国政协文史和学习委员会编，中国文史出版社 2015 年版，题目为编者加）

田先生是一团火

陈白尘*

1927年下半年，那时大革命已经失败，他从南京到上海，担任上海艺术大学文科主任（有些书上说上海艺大是进步的、革命的学校，那是30年代的事，不是田先生刚到时的艺大）。当时的艺大是所野鸡大学，校长叫周勤豪，是个学店老板；维持学校的校务委员会主任是黎锦晖。我是慕田汉先生的大名去投考艺大的。当时，艺大的教师只有田汉先生一人住校，睡一张行军床。他最勤勤恳恳，不论文科、画科、音乐科的学生都去找他，得到全校所有学生的拥护。当时，周勤豪因负债累累，把学生交的学费都拿去还了旧债，学生们没有饭吃，学校办不下去了。当时，我是自封的“造反派”，还有陈明中同学，大家起来造反，把校长赶走了。

学校实行巴黎公社式的选举，结果百分之百的选票写的都是两个字：田汉。田汉在群众中威信很高，可是他当时只有二十九岁，也正是一个青年！我们没有把他当校长，实际上像个老大哥；他也像对待兄弟那样对待我们。

---

* 陈白尘（1908—1994），原名陈增鸿，江苏淮阴人。作家、编剧。1930年参加左翼戏剧家联盟，从事戏剧活动，曾参加南国、摩登等剧社。1932年7月任共青团淮盐特委秘书，因叛徒出卖而被捕。在狱中创作了一些短篇小说和独幕剧。1935年出狱后在各地坚持进步的戏剧活动，创作了大量剧本，代表作有《乱世男女》《结婚进行曲》《岁寒图》《升官图》等。1978年任南京大学中文系教授、系主任。陈白尘对于讽刺喜剧有着独到的贡献，被誉为“中国的果戈理”。

那时，没有戏剧系，我一直是文科学生。同学有陈明中、吴作人、刘汝醒、张曙、王素、张慧灵等。田先生是一团火，他走到哪里，所有学生都被他吸引到哪里。这个学校维持了半年光景就垮台了，后来就办南国艺术学校。

在上海艺大时，田先生就带领我们拍了电影《断笛余音》，后来片子进了当铺。又搞了文艺茶话会，参加茶话会的除有郁达夫、徐悲鸿等人外，戏剧界有洪深、欧阳予倩、朱穰丞、余上沅、周信芳、高百岁、王芸芳等。那时的场子是个饭厅，搭个小台演戏，鱼龙会上几大名角如欧阳予倩、周信芳、高百岁等，就是在那么个小台上演戏，演的是《潘金莲》。鱼龙会并没有赚钱，南国学院一直在贫困中支撑。后来没有办法，只得搬家，搬到西爱咸斯路，现在是永嘉路，最蹩脚的店铺房子，起先只租了五间门面。周勤豪见我们搬了家，又勾结租界巡捕房派人来把我们的家具、教具拖走。那时的学校空空如也，家徒四壁。我们睡地板，睡稻草铺。田先生这才决心自己创办南国艺术学院。于是田三爷（田洪）到北京路一件一件买旧货，搞起了学校用具。还盖了一间画室，把民房的屋顶掀了，铺上玻璃，徐悲鸿先生很满意。我们去请欧阳老当戏剧系主任，徐悲鸿先生当美术系主任。我和陈明中两个学生是校务委员，当时管教务的是黄芝冈，管事务的是陈子展，实际是陈明中管教务，我管财务和事务、文书。

到了南国艺术学院时期，上海艺大的学生大部分转学过来。那时候才有戏剧系。学生有陈凝秋、左明、唐叔明，后来考进的是马宁。郑君里考进来时，是我给他登记，想到投考的人少太难看了，就把第二本登记簿拿出来，从第五十一号写起。顾梦鹤同志当时不是学生，是师友，当年是个风流小生。南国艺术学院的开办真是筚路蓝缕，艰苦备尝。上海后来有个苦干剧团，南国学院是“穷干”。那时田先生一不会找官僚，二不会找资本家，更不多收学费，学校毫无财源，幸亏《中央日报》的主编是田先生的湖南朋友，请他办副刊。副刊名叫“摩登”，这两个字是田先生创造的。因为我是文科学生，田先生也叫我帮助看来稿。

有次，收到一篇短篇小说，名字我忘记了，故事写的是蒋介石与宋美龄结婚的故事。我看了很高兴，马上推荐给田先生决定。哪知没过几天，这篇小说便在副刊登了出来。主编彭学沛见了吓得魂不附体，急忙拍电报到全国各地扣报纸。田先生的这个副刊饭碗——每月三百块大洋啦，就那么敲碎了！这是1928年旧历二月二十日，是他三十岁生日那一天。当时，三百元大洋很管用，是南国艺术学院经济的主要来源呀！此后就更困难了。我当时管事务兼会计。我们包饭的老板，是个扬州人，几乎每天找我说："陈先生，今天开不出伙食了！"就这么天天威胁我。我只好去找田先生。田先生说："征鸿，不要怕嘛，不要怕嘛。"说着叫张恩袭即张曙拉起胡琴，唱起《坐宫盗令》来："杨延辉坐宫院，自思自叹，我好比……"比这比那，比了好久还是没有钱，我只得去找老板磕头求情。

我们戏剧界许多前辈搞了不少事业，大半找到一个后台，一个强有力的团体或个人来支持。田老，他就是靠苦干穷干，团结一批人，靠自己的力量来干。在那么困难的条件下，还组织远征杭州，使话剧的种子在杭州西子湖畔生根开花。那一回，由张师毅、唐叔明、王素、左明演出《湖上的悲剧》《父归》，一下子风靡了杭州，在体育场，在湖滨，到处有人在朗诵剧本的台词。那些台词写出了青年人的苦闷，引起了强烈的共鸣。

从杭州回到上海不久，南国艺术学院便垮台了。我们那时候，就有那么一股劲。我们把学院所在的西爱咸斯路，比之为巴黎的拉丁区，都以穷艺术家自许。陈凝秋头发留得很长（当然不像今天的港派青年那样的长发），大个子，大手杖，高视阔步。我们又都跟徐悲鸿先生学，都穿西装，打大领花，高视阔步，旁若无人。当时我们穷得厉害，陈凝秋、左明、唐叔明来投考，没有钱。田先生说，来罢，不收学费，吃饭不要钱。我和陈明中也是吃饭不要钱，但是我们两个有职务，算是半工半读。田先生一生不懂得弄钱，他一辈子就是穷干苦干。

（选自《青年时代的田汉》，载于《回忆田汉》，全国政协文史和学习委员会编，中国文史出版社2015年版，题目为编者加）

天涯谁人不识君

田 洪*

1922 年，哥哥偕妻易漱瑜由日本回国，住在上海民厚北里。他那时在上海中华书局工作。业余时间并与漱瑜自办刊物，起先取名《南国半月刊》。因人数少，写不过来，又改为《南国月刊》，一个月出一期。内容都是倾向进步的，有诗、散文、评论，也有对戏曲方面的杂谈。那时漱瑜已怀孕，哥哥要我护送母亲由湖南来到上海照顾漱瑜。有一天上午，一个身穿西装、头戴礼帽的青年人来敲门。我问他找谁？他用普通话问道："请问这是田汉先生的家吗？请你呈告一声，有个叫周信芳的前来拜访。"哥哥听后忙放下手中毛笔，推开桌上稿件站起来说："赶快有请。"周先生进屋后用双手在胸前作个揖，然后从随身带来的一张旧报纸里拿出一本《南国月刊》，说道："田先生，我是久闻您大名，一直想来拜访，可打听不到地址。直至在这刊物上才知道您的地址的。这本书就作为我的介绍信吧！"哥哥忙上前拉着他的双手说："久闻其名，只恨相识太晚，今日相见真是三生有幸。"然后坐下来一起畅谈。我上街买来一些点心，给周先生泡上一杯湖南浓茶，大家边吃边谈。哥哥又留他吃了午饭。从此后，他俩成为挚友，他是我家的常客，我们也成

* 田洪，也叫田老三，田汉三弟，一直跟随田汉做戏剧工作，曾任中国人民解放军十二兵团政治部洞庭湘剧工作团团长。

了他的京剧观众。在国民党要逮捕哥哥时，周先生就保护过他。哥哥办“南国社”遇到困难时，周先生热情地前来协助。哥哥除在艺术上给他帮助外，还用革命思想引导他，使他从一个艺人成长为一个革命者。

郭沫若先生是哥哥的亲密战友，在学生时代他俩在日本就交为朋友，他们不仅有兄弟之称，也有席勒和歌德之称。哥哥在办《南国月刊》时，郭沫若先生的日本太太和两个孩子，就住在我们对面不远的弄堂民厚南里。每天早晨买菜时，我和郭先生常常相遇，他每天也是提着篮子买菜。有时他买完菜就来我家坐坐。我母亲笑着问他：“郭先生，你一个这么有名的文人，怎么天天买菜，做些女人的事呢？”郭老不好意思地说：“您不知道，她不懂中文，又担心孩子与其他孩子们玩不来，所以家中一切家务事都靠我做。”我母亲非常关心地问：“郭先生，可不能让家务事拖住你的双腿，你要干大事，你夫人不会讲中文，你儿子总要学会讲吧。因为他们是中国人啊！”郭老深深地点头称是。有时家里来了日本人，郭老总要来作陪。郭老家来了日本客人，他也带来我家坐坐。他们都会讲一口流利的日语。日本人都说郭老的日语讲得好听。也说漱瑜的日语讲得很秀丽。哥哥介绍说，郭老的日语是用中国最优美的词汇组合起来的，通过他的诗一般的加工，当然要远远超过日本一般人的语言了。

1925 年漱瑜病逝后，我和哥哥又从湖南来到上海，住在法租界保康里。在那里经湖南同乡梁绍文介绍认识了京剧名演员欧阳予倩。当时国内有这种说法，叫作“南欧北梅”。欧阳先生虽然很有名气，但与我们相当亲热。同时也认识了他的哥哥欧阳剑岚。1926 年哥哥生日，欧阳予倩先生知道了，说一定要来祝贺。哥哥和我忙了一天，又是买菜，又是借碗。哥哥又是洗又是切，由我掌勺。下午欧阳先生和周信芳、高百岁、黄荣芳等几位京剧界朋友都来了。大家一齐动手摆桌子吃饭，热热闹闹地吃了一餐湖南菜，辣得大家满头大汗。饭后又拉起京胡唱起来，欧阳先生唱了《黛玉葬花》，周信芳先生唱《明末遗恨》，哥哥唱《武家坡》。那天大家玩得好高兴。事后哥哥说，通过一些社会活动，我们将认识和接触更多的文艺界人士。这也是哥哥有生以来第一次和演员一起欢聚，与艺人交上了朋友。

哥哥听说从美国哈佛大学戏剧系毕业的洪深先生回国了，现正在上海南市职工学校排《少奶奶的扇子》。第一次公演时，哥哥叫我去买两张戏票，要我陪他去看戏。整个演出过程哥哥看得很仔细，从台词到舞台布景和演员的表演都吸引住哥哥。演出结束后，哥哥说要与洪深交朋友，第二天就写了封信给洪先生，约他三天后来家叙谈。三天后，一个穿西装、戴眼镜的人来了。他拿着信查看门牌。当时哥哥正站在窗口看到了他，忙开门喊："洪先生！"洪先生忙上前握手，时而中文，时而英文地相互交谈。洪先生说他回国后就听到田汉的名字，很想认识。当收到信后就想即刻来访，由于在美国多年生活，学会了遵守时间和履行诺言的习惯，只好按第三天的时间前来拜访。哥哥说，你是一个了不起的中国人，一个有民族气节的炎黄子孙。这两句话主要指的是洪先生的父亲参与刺杀宋教仁先生事件，洪先生回国后请了律师，在报纸上声明与父亲断绝父子关系。这个声明轰动了整个上海，赢得了人民对他的信任和敬佩。然后他俩又谈到那晚的演出，哥哥说，我是第一次看中国人导演的外国戏，也是通过这个戏产生了对戏剧的强烈爱好。这个戏受到大家的如此好评，其中就有导演的功劳。洪先生谦虚地请哥哥提意见。哥哥笑着对我说："老三，你讲讲看。"我说，这个戏的名字很有趣味，开头我还以为是中国戏，可是演的都是外国的东西。就像旧瓶子装的是新酒，很新鲜。但是演员穿的华丽服装和高级的家具，我们从来没见过，最好是中国的戏名演中国戏。洪先生听后哈哈大笑，还取下眼镜擦掉欢乐的眼泪。然后他俩畅谈，从外国的留学生活一直到艺术爱好，整整谈到晚饭后，在吃饭时洪先生说："我原以为自己是美国有名大学毕业的学生，回国后没有与自己可以相比的人，通过今天的见面与谈话，总算找到了真正的知音。"并表示今后与哥哥合作，不管在什么条件、什么地方，只要你写出剧本，我就来导演。历来说到做到的洪先生果真如此，他从那次相识后，就协助哥哥创办"南国社"。不管他在青岛、在广州，或是在上海，他都赶来协助哥哥的工作。他导演过哥哥许多剧本。如《回春之曲》《复活》《卡门》《莎乐美》

《名优之死》等。他俩的友谊一直保持到新中国成立。

1926 年，哥哥与法国留学生唐槐秋相识，并组织了“南国电影剧社”。有一天，钱杏邨（阿英）来找哥哥，并把陪同来的一个很普通的人介绍给哥哥说，这位是苏联留学生蒋光慈先生。蒋先生说：“田先生，我俩要长期打交道啦！”哥哥热情地说，我又多了一位真才实学的朋友了。然后他三人单独找了间房子谈话去了。晚上哥哥对我说：“你知道今天来的两个人吗？他们都是共产党员，特别是那位蒋先生，他还是我国派到苏联学习的第一批党员。他们今天来是要我们以南国社的名义去欢迎世界著名舞蹈家伊尔玛 · 邓肯舞蹈团。你明天去把周信芳先生请来，说我有事商量。”第二天，哥哥与蒋光慈、唐槐秋、唐琳、顾梦鹤、周信芳和我一起商量举办欢迎晚会的事，最后决定演京剧《投军别窑》。在欢迎晚会上，由高百岁和王芸芳主演，舞蹈团也表演了舞蹈。哥哥在席间发表了热情洋溢的讲话，由蒋光慈先生当翻译。晚会开得非常成功。邓肯团长也发表了简短的讲话。当她知道我是田汉的弟弟时，也过来与我握手交谈。这时唐槐秋过来担任翻译。唐槐秋先生的翻译使她很吃惊，说没想到中国有这么多了不起的人才。通过与蒋光慈先生的来往，南国社的社会活动愈来愈广泛，与苏联驻上海领事馆也建立了关系。蒋先生多次带我们去领事馆看电影，并向我们介绍了苏联作家托尔斯泰、高尔基等人的作品。还介绍来华访问的苏联作家皮涅克与哥哥认识，并邀请他参加我们拍的电影《到民间去》。为了在上海公演苏联影片《战舰波将金号》，蒋先生又一次与南国社联系，并在共和影院试映。南国社在与苏联领事馆的接触中，受到十月革命道路的影响，这对于南国社倾向革命起了一定的作用。

南国社是当时在上海风靡一时的革命文艺组织。里面集中了很多名人，徐悲鸿先生就是其中一个。他不仅在那里培养了很多学生，也创作了很多作品，如著名油画《田横五百士》《徯我后》都是在南国社时期创作的，并以南国社社员为模特儿。我按徐先生的意思给他布置一个特殊的画室。由于这个画室的独创性，我多次得到他的表扬。徐先生虽然是油画大师，可对舞台布景他也常来指教。如《卡门》一戏中有场咖啡馆的场面，哥哥因不熟悉西班牙风光，只有委托徐先生负责。徐先生按意思想了一下，并叫我去买八块五合板，然后他从画室拿来笔和油彩，来到四马路中央大戏院，叫我把八块板子用螺丝拧好，竖在舞台上，他脱掉外衣，拿起画笔就挥舞起来，他一会儿飞龙走凤，一会儿精雕细琢。两天时间就完成了景物画。当哥哥赶到剧场看时，我又用灯光配上。整个舞台出现了西班牙的风貌，使人犹如来到异国，真有身临其境之感。哥哥非常感激地说："徐先生，南国社少不得你啊！"

当南国社在梨园公所演出时，开演前突然有人告诉哥哥，有日本客人来访，其中有剧作家菊池宽先生。哥哥忙从后台来到戏院门口，把几位专程来看戏的日本客人请进来，并要我在舞台前面放几把椅子让客人坐着看戏。菊池宽先生问今晚演什么戏，站在旁边的唐槐秋先生忙用日语回答："今晚有《苏州夜话》《生之意志》，也有您写的剧本《父归》。"讲完后，他们都高兴地说："太好了！太好了！"《父归》一剧是由陈凝秋演父亲，周存宪演母亲，左明演贤一郎，陈白尘演新二郎，唐淑明演女儿。那场演出大家非常认真，特别是陈凝秋演得最为出色。演出结束后，菊池宽非常激动地说："谢谢你们，你们的演出是非常精彩的，你们的演出可以说比我们日本人还演得好。在异国能看到自己作品取得这么好的效果，真使我太高兴了。这次我没有白来，我心满意足了。"哥哥用日语回答了他："由于您的作品精彩，加上演员的认真，这就是成功的妙作。"日本客人连声说："一衣带水，我们是一家人啊！"哥哥创办的文艺团体南国社不仅闻名全国，也传到日本，凡是到中国来的日本作家、艺术家无不来南国社拜访。在日本人的心目中，南国社好像是传播友谊和艺术的场地。这种友谊一直相传到今天。虽然哥哥已经逝世了，但以前认识他的日本朋友到中国来，无不前来看望和问候我们，以示对田汉的怀念。

1978 年，哥哥还未平反昭雪，正巧有日本电影代表团来华访问，电影《望乡》的导演到处打听哥哥的消息，准备把在"文革"之前哥哥与他们的合影照片送给主人。谁知在北京没有找到照片主人，直到南京在欢迎他们的宴会上，当他听说张辉同志是田汉的女婿时，他双手捧着照片交给张辉同志，并说："千里之外的友谊总算交给了照片的亲人，我们日本人民还惦记着他，想念着他，盼望着他。"张辉同志万分感激地说："谢谢你们，谢谢你们的珍贵的友谊。"并告知客人，中央准备为田汉同志平反昭雪，恢复名誉了。日本客人全都站起来，举起酒杯来到张辉同志面前说，为田汉先生的平反、为中日友谊干杯！

（选自《天涯谁人不识君——忆哥哥田汉和他的清交素友》，载于《回忆田汉》，全国政协文史和学习委员会编，中国文史出版社 2015 年版，有删节）

第七章
夏丏尊：我们要互相亲爱

舍监夏丏尊

曹聚仁 *

我和夏先生相识时，那时他是我们的舍监；说老实话，我们，不仅是我，都很不喜欢他，因为他是舍监。夏先生说他担任杭州第一师范的舍监是自告奋勇的。“舍监一职，待遇甚低，其地位力量为学生所轻视，狡黠的学生竟胆敢和舍监先生开玩笑，有时用粉笔在他的马褂上偷偷地画乌龟，或乘其不意，把草圈套在他的瓜皮帽结子上，至于被学生赶跑，是不足为奇的。”他抱了不顾一切的决心去做舍监，凡事皆用坦率强硬的态度去对付。在饭厅中，如有学生远远地发出“嘘嘘”的鼓动风潮的暗号，他就立刻站在凳子上去注视发嘘嘘之声的是谁。人群中有喊“打”的，他就大胆回答说：“我不怕打，你来打吧！”学生无故请假外出，他必死不答应。每晨起床铃一摇，他就到斋舍里去视察，如有睡着未起的，一一叫起。夜间在规定的自修时间内，如有人在喧扰，他就去干涉制止。天下的舍监和训育主任，都是给学生头痛的，夏先生当然不在例外；夏先生自己知道学生给他的绰号，先后“阎

---

* 曹聚仁（1900—1972），浙江浦江人，著名记者、作家。毕业于浙江第一师范学校。1922 年到上海，任教于爱国女中、暨南大学、复旦大学等校。曾主编《涛声》《芒种》等杂志。抗日战争爆发后，任战地记者，报道淞沪战役、台儿庄之捷。1950 年赴香港，任新加坡《南洋商报》驻港特派记者。50 年代后期，主办《循环日报》《正午报》等报纸。后多次回内地，促进祖国统一事业。著有《中国学术思想史随笔》《万里行记》《现代中国通鉴》《我和我的世界》等。

罗”“鬼王”“戆大”“木瓜”几个。我们因为对于他没有好感，又很怕他，只有另找一对象来出气；同学之中，有一人，样儿和夏先生非常相像，我们就指着和尚骂秃驴，一切冤气都往那同学身上去泄。现在回想起来，夏先生做舍监的确很尽职；直到我自己做了中学部主任，才知道“舍监”“训育主任”一类的职务，真难于称职的。

我在第一师范读书五年，并未读过夏先生的国文课，他所教的是甲组，我所进的是乙组，就一直无缘听讲。只在二年级时，他曾教我们两小时的中等国文典；国文典已经是枯燥无味的技能科，而他又是舍监，其干枯的程度更是进一层，我们仿佛小鬼见了阎王。民国九年，我们的国文教师，以渊博为我们所信仰的教师都走了；在白话文运动中，新来的刘、陈、李三先生以外，配上了夏先生，成为四金刚，夏先生自己的社会观改变了，舍监制度和操行分数也一同给新思想冲掉了，我们对夏先生的看法，已经有点改变了。

留经运动结束以后，学生自治会还议决了挽留“四大金刚”的议案；我和范尧生做挽留代表，我们的心中，以为学生挽留，那就不成什么问题了。(因为我们所表决反对的教师职员，谁也不敢再来尝试，我们自以为有决定去留的权威。)夏先生只和我们谈些闲天，一说到复职的正文，他就摇头不让我们说下去。三番四次没有结果，我忽然觉得夏先生的胸襟有点阔大，我有点敬仰他了——他的为人，不带一点急功近利的意味。十年舍监生涯，固然麻烦了他，也因此使他对于青年的心怀有深切了解和同情。

夏丏尊先生所做的事，所处的职务，大半都是稳健的，比较长时间的，他做了那么多年的舍监，又在春晖中学教了那么多年的书，开明书局的稳健发展，和他也有密切的关系。只有两次到暨南大学去教书，都是暂局；暨南大学真是一个奇妙的学校，我在暨南的时候，偶尔遇到他，他总是慢慢儿地问道：“近来怎样的啦？”是一种关切的询问。他知道暨南是一个不易立足的泥潭，他便决然地拔足了。他到暨南时，上课以前，时常在我的一位好友吴君的房中休息。其时民国 15 年，国民革命的力量正在南方发展，每个青年都当作一种“光明”去追求，吴君的关于思想的恋爱苦闷，我和他非常知己，可半点意见也不敢表示。恰巧黄埔军官学校，在上海秘密招考第六期学生，他就决意去试试新的命运。可是他因为父母年老，决了意又再三动摇起来。他又决计进国民党，想以党的生活来解决思想上的矛盾；但他对于社会问题的了解，实在是浅薄的，也许只有追求光明的热情，而无追求光明的理解力，又再三犹疑下来。有一天他忽然对我说，我要问问夏先生看，请他指导指导我。夏先生的答话很有力量，夏先生叫他想一想，究竟对于国民党有没有真实的信仰？在举国若狂、如水趋下的时候，夏先生要青年们检讨自己的真实信仰，这必须有真实的胆识，才敢说的；后来吴君殉了他自己的信仰而死去了，他该有真实的信仰了吧？

在《十年续集》中，有一篇题名《流弹》的小说，写的夏先生对于一个青年热恋狂的态度，那青年一天到晚去掀夏寓的电铃，坐在夏寓的客厅叙谈。那青年所爱的，是夏先生兄弟家中一个女客，他已经去麻烦过几回，给夏先生的弟妇，当作一个无知的疯汉逐出门外。如莎士比亚所说的，恋爱是一种热病，要关在黑房子里抽鞭子的。至少也像醉汉那样，自己满口说我并没有醉，我明白得很，其实糊涂透顶，早闹了大大的笑话的。他向夏先生诉说，说他自己对于《近代恋爱观》的译者，早见深切的敬仰，而他目前的恋情也只有夏先生能了解。夏先生自谦对于恋爱并无经验，而对于那青年的种种幻觉，只轻轻用理智的话去提醒一点。他对那青年负责，劝他的弟妇送那女客回家乡去，让他们自己去解决。他在弟妇的客厅上，又叫那女客和这狂热的青年面晤，他对于这青年的同情，并不热烈，然而是很切实的。那篇小说很好，而他对于青年热恋的态度更好。

夏先生的杂文集，题名为《平屋杂文》，其中有一篇，写他的一个在南京做星相家的旧友，由教书匠降而为星相家，也可说是知识分子的没落，夏先生他并不想在文人的幻象世界中苟安下去，那位星相家自己踌躇不安，夏先生觉得自己同样的没落，并不见得彼善于此。至少星相家能给人们以虚无缥缈的希望，也是涸辙之鱼相濡以沫的慰安，那也是好的。

能给彷徨的青年以温暖的同情，这可说是平凡的理智的社会观的产物，我有点赞成这个态度。

（选自《我们的舍监夏丏尊》，载于《先生归来兮：夏丏尊，用心教育用爱感化》，夏丏尊、姜丹书等著，中国文史出版社 2020 年版，有删节）

夏丏尊的名山事业

曹聚仁

一个人，年轻时有他的梦想，壮年时有他的努力圈，老年时有他的名山计。夏丏尊先生年轻时梦想什么，我不大清楚；他绝不是梦想靠翻译些名著抽版税过日子，我可以这样断言。他壮年以后，努力想做一个教育界的志士："努力于自己的修养，读教育的论著，翻看宋元明的性理书类，埋身于自己读书与对付学生之中。"那么，他和章锡琛先生的经营开明书店，不妨说是他的名山事业了。

夏先生所翻译的《爱的教育》，自从出版以来，销路从未减退过，是一部中学生最适宜的课外读物。曾经有一位 ×× 中学校长，望文生义，在一次公开集会中，说青年男女只知道谈爱情，看《爱的教育》一类的小说；另外一位教员告诉他不要乱说，叫他取原书一看；他看了原书，深悔失言，逢人便说这部小说的好处，反而做了义务的推销员。这部小说的版税，酬答夏先生为教育界努力的辛勤，也可说是种善因所得的善果。开明书店的事业，可以用"切实"二字括之。我曾说，新起的三家书店，都有点书店老板的性格。"北新"如李小峰先生之深沉，"生活"如邹韬奋先生之活泼，"开明"如夏丏尊先生之持重，再加以章锡琛先生之精明。"生活"以青年为对象，"开明"则以学生为对象。自从开明书店登场，中国才有认真为学生着想的读物，书店和其他一样，以营业谋利为第一义，我们却都望书业中人要"谋利不忘文化”。可尊先生做舍监，认真管理一校的学生，做书店总编辑，慨然以全中国学生的知识为己任，我说他即以开明书店为名山事业，不算说错吧？

夏先生另外一种译作，是厨川白村的《近代恋爱观》。原书在日本曾有惊人的销数，在中国的译本，销数并不十分大。中国的男女关系，一方面只喋喋于性欲，一方面又把恋爱视作劣情游戏。译本行世时，正当一些青年献身于社会革命，不十分注意恋爱问题，又当张竞生的《性史》和章衣萍的《情书一束》风行的时候，有些青年又不十分喜欢正当的恋爱观。（夏先生所说的“青年对于浅薄的性书，趋之若鹜，肉的气焰大张”这情形，正是近代恋爱观被冷淡的最大原因。）但这书的时代意义依然保存着，直到此刻现在。

夏先生的女性观，见于题名《闻歌有感》的杂文中。他说：“几年前，我读了莫泊桑的《一生》，在女主人公的一生的经过，感到不可言说的女性的世界苦。好好的一个女子，从嫁人生子一步一步地陷入死的口里去；因了时势和国土，其内容也许有若干的不同，但总逃不出那自然替伊们预先设好了平板的铸型一步。”他的一个气概不可一世的从妹对他大发其毕生志愿，他曾加以冷笑，激起了那从妹的愤怒。后来那从妹结婚了，再后来，生子了，一步一步同样地踏上那阶段去。什么“经济独立”“出洋求学”等等，都如春梦浮云，一过便无痕迹。——“家的铁笼”把那不可一世的英雄的野性驯服了，因此，夏先生说：

> 贤妻良母主义虽为世间一部分人们所诟病，但女性是免不掉为妻与为母的。说女性于为妻为母以外还有为人的事，则可以说女性既为了人，就无须为妻为母，决不成话。既须为妻为母，就有贤与良的理想要求，所不同的只是贤与良的内容解释罢了。可是无论把贤与良的内容怎样解释，总免不了一个重大的牺牲，逃不出一个“忙”字。

这是一个平实的女性观，和他的一切主张相适应的女性观；其为一些人所赞同在“平实”，或为一些人所反对，亦在“平实”。

夏先生不大写小说，写成那几篇都很精莹。他常说：“我们看看别人的作品，总觉得不满意，自己动笔又写不好；我是眼高笔疏。”这当作他的自谦也可以，即当他的坦白自陈也可以。夏先生的名山事业，并不在文艺创作呢！

刘劭《人物志》论人之品性，以中和为最贵。“中和之质，必平淡无味；故能调成五材，变化应节。”我的师友中，大都有所偏；求其中和平深，夏先生庶几近之。与中正和平的人来往，初亦平平无奇；越到后来，越觉有意思。我和叶圣陶先生虽非深交，据我观察，叶先生亦是中和一流，再加上一个朱白清先生吧。

（选自《我们的舍监夏丏尊》，载于《先生归来兮：夏丏尊，用心教育用爱感化》，夏丏尊、姜丹书等著，中国文史出版社 2020 年版，题目为编者加）

穿白土布短衫裤的中学教师

钟子岩*

1922年秋季，我考取了春晖中学。春晖校址在白马湖畔，环境幽静，风景秀丽，是个读书的好地方。当时春晖还没有办高中，只招收初一新生。老师有代理校长（因校长经亨颐先生在北京高师任职，未克来校）兼英语教师朱少卿先生、国文教师夏丏尊先生、美术音乐教师丰子恺先生、数学教师刘薰宇先生、史地教师刘叔琴先生，还有一位教生物学和体操的黄先生等（匡互生、朱光潜、朱自清、章育文、赵廷为这几位老师是后来陆续聘请来的）。他们都是饱学之士，全国闻名。因此莘莘学子不远千里，从四面八方慕名而来，甚至有来自四川、贵州等省的。进校以后，首先引起我的注意的是一位身材比较高大、脸色黄中带黑的老师。当时教师都是穿长衫的，在天气还很炎热的学期开始的秋季，不是穿白夏布长衫，就是穿纺绸之类的绸衫，当时春晖几位老师无不如此。唯独这位老师穿的却是白土布短衫裤。这使我感到有些惊奇。后来知道这位老师不是别人，就是此后在学生中最有威望的夏丏尊先生。

先生非常关心学生的成长，平时除观察学生的素质性格外，还做家庭情况的调查，以便有的放矢地进行教育。我入学后不久的一天，他在通向教室

---

* 钟子岩：翻译家，夏丏尊好友。

的走廊里见到了我，亲切地叫我到他的房间里去。我怀着疑惧的心情到了那里，他就询问我的家庭情况。等我回答完毕，他略略沉思了一会以后，对我说：“现在穷人家的子弟进不了学校；有钱人家的子弟不喜欢读书；唯有小资产人家的子弟最有希望。”

先生富于同情心。他所同情的是弱者、穷人。先生对于尼采超人学说是反对的，所以在讲到他的超人哲学时，就向学生宣布：“我是同情弱者的。”

春晖同学因多出身于富有之家，衣着是比较讲究的，雨天穿的都是皮鞋（当时市场上还没有橡胶套鞋这种商品）。我没有皮鞋，雨天穿的是母亲自己缝制的“水鞋”（一种涂以桐油，鞋底钉上秋皮钉，雨天穿了不会湿的鞋子）。这种鞋子跟皮鞋比较起来，自然“相形见绌”。我虽穿着，心里是并不高兴的。一个下雨天，他见了我的水鞋，却对它大唱赞歌，说：“这鞋子好啊！”

虽然先生精通日语，学贯中西，但他非常谦虚。他从不“强不知以为知”，对某事物或问题不能确定时，往往直截了当地说“我不知道”，甚至有时询问学生。如有一次，课文中有 inspiration 一词，他一时记不起确切的译语了，他就问我们，有人答以“灵感”，他就微笑着说：“对，对！”大概在 1926 年前后，先生曾应何炳松先生之邀，担任过暨南大学中文系主任。而他在春晖教书时期，有一次却对我们说：“我是只配教教初中的。教高中就不胜任了。”

1924 年春，朱自清老师应聘来春晖任教。朱先生还未到校，先生就向我们全班宣布：“朱自清先生就要来校了。朱先生学问比我好，他来后请他担任你们二年级的课。我仍教初一年级。”后来我们初二的国文课，就由朱先生来担任了。

（选自《回忆夏师执教在春晖》，载于《先生归来兮：夏丏尊，用心教育用爱感化》，夏丏尊、姜丹书等著，中国文史出版社 2020 年版，题目为编者加）

深厚的爱和鄙夷的骂

钟子岩

1923年春天，先生兴致勃勃地带领我们去杭州旅游。在那风和日丽的日子里，我们游览了西湖风景名胜，乐趣自不消说。游湖结束后的一天早上，我和同学孙立源君跟着先生去一家专印古籍的书肆，买了几本古书。从书肆出来，已是中午时分了。先生并不就回旅馆，却邀我们上一家菜馆去。进店后他对我们说："我上菜馆是很精明的，所点的菜既美味实惠，又经济便宜。"随即叫了三盘菜（什么菜已不记得了，只记得其中的一盘是酱鸭），叫我们和他共进午餐——老师请学生吃饭。吃餐饭本是极平常的事，原不值得多费笔墨；但仔细想想，他跟《爱的教育》译完后就把原著的英、日两种译本分别送给学生王文川君和我这事一样，不是充分显示了先生对幼稚不懂世故的青年学生的深厚的爱吗？

我们住宿的是城站旅馆。一天我们刚吃过晚饭，一位绅士模样的客人来访。这位客人曾在杭州第一师范读过书，与先生有师生之谊，这次是特地来看望老师的。他在客堂间坐下不久，就神气活现地大喊："茶房（即今旅馆服务员）！泡茶来……拿今天的报纸来！"完全是主人命令奴仆的口吻。当服务员完成了任务退去以后，先生怒容满面，对来客严厉训斥道："你干什么啊？这是什么态度？你还是好好去读点书吧！"来客被他骂得满面羞惭，过了一会就怏怏地走了。事后我们了解到：这位来客确是个瞧不起平民百姓的大人物，北大毕业后做过一任县长的。

我们到佛教圣地普陀去旅游，大概在1923年秋。带队的仍旧是先生。我们到了那里，在寺院住下。除了跟随先生乘船到海上去看伽蓝（菩萨）外，傍晚我们常去海滨看落日或拾贝壳。玩了几天，就乘原船——叫作“黄天木”的夜航船返航了。夜幕垂下以后，我们打开铺盖在船舱里睡了。先生没有就寝，却坐在船头，在微弱的煤油灯下，执着钢笔埋头在写——原来他正在聚精会神地翻译意大利亚米契斯的名著《爱的教育》呵！

由于船不很大，我们七八个同学挤卧在船舱里，第二天早上醒来，我发现自己放在枕边的近视眼镜被打碎了。这眼镜是我在一年前花了十多块钱从杭州配来的，一时要再拿出这样一笔巨款来，实在不大可能；而由于我是高度近视，又非早日重新配置不可，因此我心里闷闷不乐。我们几个人的叽叽咕咕的谈话声，把睡在船头的先生吵醒了。先生起身获悉这件事故后，并不因深夜笔耕带给他的疲劳而显出埋怨的神情，却对我表示深切的同情，号召全船同学捐款相助。后来靠船中同学章志青的帮助，以三块钱的代价给我从上海配来了一副新眼镜。

（选自《回忆夏师执教在春晖》，载于《先生归来兮：夏丏尊，用心教育用爱感化》，夏丏尊、姜丹书等著，中国文史出版社2020年版，题目为编者加）

我们要互相亲爱

斯尔鑫

在去年开学的第一天下午，第一时就是国文课，我们与夏先生第一次相见。那时，我见他双手捧了书本，一拱一拱地走上讲台来，脸儿微微笑着，似乎觉得他是一个极平和的人；有时并没有什么可笑的地方，他却也在那里微笑。

他的衣服统是布做的，以灰色布做的尤多。他的马褂有我的长衫一般长，衣服穿得很不整齐，袍子比长衫要长几寸，纽子往往逢奇数扣的，裤脚的长，差不多要把鞋头包牢，与地板相触了。

我每次看见他在马褂上所挂的一只金表和一支康克林自来水笔的时候，我心中便怀疑了："他为何这样？竟办起这样贵价的东西来了！唉，他是一个节俭者啊！"我在脑中时时这样地想着。

他在几十个学生听他讲课的时候，若有一个学生稍有点顽皮的态度，他总要认真教育他，使那个学生自知惭愧。有一天——不知是哪天——在上国文班，天气很炎热，猛烈的阳光，斜射进教室来，那天所讲的是《南行杂记》，我因被阳光所屈服，人倦得了不得，而那篇《南行杂记》尤其是我厌听的，所以便伏在案上呼呼地睡熟了。

"斯尔鑫！这样的颓废！上课不注意听讲！"

他的严厉的声浪，冲进了我的耳膜，惊醒了我的好梦，我定一定神，向四围看，只见许多同学们的眼光，统很尖利地注视着我，我那时脸儿像血一般的红了。虽然面红是表明自己的弱点，但他在众人面前如此让我难堪，真使我恨他彻骨了。

但校中去年议决施行“学生自己选择指导者制”时，我却偏偏选他为指导者。

一天晚上，他唤了我们到教员预备室去，在暗淡的黄灯之下，向着我们很诚恳地说：

“今天晚上，我有许多话要同你们说，所以叫你们到这里来；望你们好好听着。我觉得现在你们实在太颓废、太偏重文艺；此后我们要振起精神来，好好地过这半年。我们要互相亲爱，请你们把我做你们的义父吧！请你们到我家里来谈谈天，你们有所不知，或有什么苦痛，都请你们来告诉我。我的人格实不足教你们，我自己觉得很不好，血气很盛，总要怒形于色，但我对你们并无恶意，这也正是爱你们呀！

“你们选择我，一切行为当然由我负责；但你们还要如平日一样，把别位先生的话好好听从，——你们宁可得罪我，切不可得罪别位先生！”

那时我听了这番话，真是感动，感激得泪几乎要涌流出来。那时的情景，至今还很清楚地留在脑中，不曾模糊一点呢！

他真是我们的慈母，我们是他的爱子，我们应好好地做人，别使他生气，辜负了他的厚望！唉，他的确是我们爱的教员！此后我也不恨他怨他了。唉！夏先生！夏先生！真是爱的教员！我无论如何是再也不会把他忘记的了！！！

（选自《我所见到的夏先生》，载于《先生归来兮：夏丏尊，用心教育用爱感化》，夏丏尊、姜丹书等著，中国文史出版社 2020 年版，题目为编者加）

家贫无奈做先生

钱君匋*

《新女性》月刊社扩充为开明书店没有几个月，我就接受章锡琛先生的邀请，到店任事。那时开明还是草创时期，规模很小，没有设置编译所，但是夏丏尊先生却三日两头来店和章锡琛先生商谈出版计划。接着开明做进一步的扩大，成立了编译所，丏尊先生这才进店担任所长。于是我和他朝夕相共。在和这位长者的接触中，觉得他满腹经纶，为人正直，和蔼可亲。算起来，我们之间的年龄要相差将近二十岁，但在工作中一点也没有觉察到他是那么大的年纪，而我又是那么小的年纪，相互之间，好像是同学一般，无话不谈，不拘形迹，谁也不会对谁有什么隔膜，融洽得像鱼水。我在他的领导下，无论在做人上，在书籍装帧上，在音乐上，在写作上，都得到了教益，这是使我没齿不忘的。

有一回，我和索非几个人闲谈着对联，我说以前曾经听到过一副为理发店所写的对联：

* 钱君匋（1907—1998），浙江桐乡人。著名书法家、画家、篆刻家、书籍装帧家。他家境贫寒，高小毕业即成为乡村小学教师，后借债到上海艺术师范学校读书，跟随吴梦非、丰子恺学习西方美术，后任开明书店音乐美术编辑。20岁时因书籍装帧结识了鲁迅、茅盾、郭沫若、巴金、陈望道、郑振铎、叶圣陶、胡愈之等文化名人，致力于中国绘画、书法、篆刻。曾任西泠印社副社长、上海文史研究馆馆员、中国美术家协会会员。

虽为毫末生意，
却是顶上功夫。

大家听了说写得很好，丏尊先生凑热闹也来加入，说："我以前也拟过一副对联作为自况，联语是七个字一句：

命苦不如趁早死，
家贫无奈做先生。

和你们刚才所说的那一联，是不是一样描写了个中情况，技巧上的工整怎么样？"我们听了之后，一齐叫起来："好极了，妙极了！"后来丏尊先生还要我为他书写这副对子，但我自认为写得不够好，虽然写了出来，搁着没有交出去。无意之中，被他发现了，他说："写得不好不要紧，只要我欢喜，就不在乎写得好坏，作为纪念不是很好吗？"这一副对子就被他拿走了。

（选自《怀念丏尊先生》，载于《先生归来兮：夏丏尊，用心教育用爱感化》，夏丏尊、姜丹书等著，中国文史出版社2020年版，题目为编者加）

求　对

钱君匋

丏尊先生和弘一法师是莫逆交。弘一法师的书法造诣极深，为人所共仰。出家以后，常写与佛典有关的文字，与广大群众结缘。1929 年丏尊先生在开明为弘一法师出版《李息翁临古法书》一书，其中所收的作品都是弘一法师在俗时所书的，此书后记由丏尊先生手撰。在付印前他特地找我商谈，要我来誊写这篇后记。我开始以字写得不好为理由而婉言谢绝了，但是他却非要我誊写不可。我在他诚挚的请托下，终于同意了。过了两天，为备选择起见，交了两份誊本，他过目以后，非常满意，赞不绝口，决定用我所誊写的印出来。不久，丏尊先生又来找我，说："这篇后记你誊写得很好，而且已决定用上去了，但经过再三思考，这后记我只撰不誊，是不恭敬的，法师见了一定会有想法，所以还是我自己誊写为好。你誊的两份，都写得很好，和以前那副对子一样，一份给我作为纪念，一份你留着，好像《双珠凤》里的两只珠凤那样，分藏着吧。劳你费了许多时间和精力，实在抱歉得很！"

我 28 岁结婚。那年的初秋，因为我十分爱慕弘一法师的书法，趁此机会，想通过丏尊先生请求法师写一副对子，作为新房中的陈设。我把这个意图和丏尊先生说了之后，他迟疑了好一会，和蔼地笑着说："君匋，这可不行，不能把和尚的字换酒肉吃，张挂在新房里更不妥当，是不是不要请他写了吧？"我万万没有想到会得出这样一个结论，还是顽皮地坚持着请丏尊协助。他看出我迫切的要求和爱慕的程度，想了一下说：“有了，你爱慕法师的字，我是理解的。既然这样，让我回家找找看，如果旧藏中能找到一副对子，可以送你。这样，不是同样满足了你的愿望吗？”我真是喜出望外，连声道谢。第二天上班不久，丏尊先生把双眼眯成一条缝，微笑着走到我的座位旁，随手把一副法师手写的对子放在我的桌上说：“君匋，你的愿望达到了，这副小对本来是法师写给我的，现在把它转送给你，不作为婚礼。我还题了一行小字，你打开来看吧！”我迫不及待地、如获至宝地把它打开，只见是一副用北碑笔法写的五言联：

一法不当情，
万缘同镜象。

下联的左边有一行题记是：“丏尊居士。己未八月，弘一，演音客灵苑。”还用了一方朱文印“弘一”，真是精到极点！丏翁在上联右边的题记是：“君匋思得弘公法书，检旧藏赠之。癸酉秋日，丏翁记。”也钤了一方朱文“丏翁”的印，这方印还是我以前替他刻的。真有意思。丏翁、法师和我三人的手迹都聚集在这小联上，正好说明我们三人之间的友谊。岁月过得真快，匆匆已经半个世纪，今天丏尊先生、弘一法师早已作古，健在的仅剩下孤零零的我了！写到这里，我的心跳得可厉害！我不禁强烈地思念着他俩，泪水也潸潸而下了！

这副宝贝对联，在十年动乱中被抄走了，幸亏在1984年重又回到我的手中，好像有神护着似的。当时有许多朋友知道这个消息，要来一观的着实不少，也有人为了我重得此联而为文在报上报道的，真是一件韵事！

（选自《怀念丏尊先生》，载于《先生归来兮：夏丏尊，用心教育用爱感化》，夏丏尊、姜丹书等著，中国文史出版社2020年版，题目为编者加）

丏翁与叶老

龙 泉

丏翁和叶老，都是开明书店的负责人。他们都是我文学道路上的引路人。

我和丏翁认识，是经《鲁迅全集》的发行人黄幼雄先生的介绍，时间大约是在1944年初。

从1940年12月起，在内山完造先生的推荐下，我开始翻译日本小田岳夫的《鲁迅传》。《鲁迅传》的作者小田岳夫，虽然在鲁迅逝世几个月后，到上海法租界霞飞路（今淮海路）霞飞坊64号鲁迅先生的家里访问过许广平先生，但是由于他对鲁迅先生的认识不深，调查研究工作做得不细，加上当时有关鲁迅先生的研究、考证、回忆录等参考资料发表得不多，占有材料不够，有很多地方写得与实际情况有出入，开掘鲁迅先生的思想境界也比较肤浅。但即使如此，内山先生还是推荐给我，让我翻译，认为今后给创作鲁迅传的作者多少可以作为借鉴。

1944年初，《鲁迅传》的译稿在经许广平先生阅读，并遵照她的书面意见做了修改以后，由黄幼雄先生介绍，连同原著一起，交给丏翁，请他对照原著，从译文上，并从原著的一些叙事方面，订正错误。有时我也同去。只见丏翁把译稿和原著略加翻阅，便毫不迟疑地一口应允，还热情地接待了我们。大约过了两个月光景，我第二次去看望丏翁。他像见到一位熟识的老朋友一般，很高兴地和我握手，招呼我：

“啊，你来了！译稿我已看过。我们开明书店今后可以出版。”

等我坐定以后，他具体地说明了这部书的优缺点：优点在于简明扼要，缺点在于有不少因为是外国人的观点，说得似乎不够恰切。然后他亲切地指出我译文的一个毛病：

“有些语句，得意译。不能完全直译。意译了，反而能够表达原作的精神。”

他随便翻阅原著，念出原文，举了几个例子，给了我很大的启发。他指出的毛病，正是我长期以来十分苦恼而没有解决的问题。自从上海沦陷以后，我长期失业，开始了文字翻译工作。我曾翻译过川端康成的《文章》、岛崎藤村的《断片》，过分地以忠于原著为教条，对一些含义复杂、语法结构极其烦琐的语句（有些语句甚至不符合语法规律），总觉得很难用汉语来表达得完善，事实上也的确处理得不好。经他这一指点，我豁然开朗。此后我又翻译了朝鲜作家张赫宙的《朝鲜风景》和《黑白记》，就按照丏翁的教导，不仅突破了不少难点，而且还大大加快了翻译的进度。

拙译《鲁迅传》的出版，已经是在日本投降以后的1946年9月。当徐调孚先生把我的译稿和清样派人送来，并附信要我最后校读一遍时，丏翁已经病逝。但是当我打开纸包，把我的译稿一页一页地看去，赫然呈现在我面前的，竟是丏翁不止一处地代我修改的手迹！这使我回想到1944年第二回看望丏翁时的那次教导。他指出我译文的毛病，却为了避免我丧失信心似的，没有把译稿退还给我，而是由他自己耐心细致地一一修改。这要花费丏翁多少时间和精力啊！丏翁教导我的，不仅是他的诲人不倦、扶持后辈的精神，而且还有这种一丝不苟、认真负责的工作态度。但正是这样一位敦厚的长者，我再也不能亲聆他的教诲了。我禁不住感动得热泪盈眶，终于在译本的扉页上，写下了“谨以此书献给夏丏尊先生”的几个大字，并在下面写了四行小字：

我流了感激的眼泪，翻看着留在译稿上的夏先生的手迹。想不到这个集子出版的时候，夏先生已永远不再和我们见面了……

认识丏翁是在沦陷了的上海，认识叶老是在胜利后的上海。

那时我在一家书店里工作，和叶老工作的开明书店，相距不过数百步，因此常有见面和联系工作的机会。特别是为了推荐一些新人的作品，他经常写信给我。为了约请他写稿，我也常到他书店，有时到他家里，他总是热情接待，有求必应。《一千五百种现代中国小说和戏剧》的编写者善秉仁来到上海的时候，我和叶老都参加了茶聚，并合影留念。一起参加茶聚并合影留念的，还有徐调孚、梅林、孔另境、臧克家、赵景深、唐弢、罗洪、朱雯等。到上海解放前的一段时间，白色恐怖更加严重，几个进步期刊的编辑人，经常到星期六晚上，轮流充当东道主，每次约在跟上次不同的地点，秘密聚餐，相互交换一些有关解放战争和文化艺术界意外遭遇的信息。参加秘密聚餐的，有《中学生》编辑叶圣陶、徐调孚，《世界知识》编辑冯宾符，《观察》编辑储安平，《文艺复兴》编辑郑振铎、李健吾等。我是《文艺春秋》月刊的编辑，也参加了聚餐。记得有一次，大约是在 1948 年 12 月中旬的一个星期六晚上，当我们的聚餐已经开始了一段时间以后，只见气喘吁吁的储安平才从外面赶来，向大家打招呼：

“真是对不起，我迟到了！”

接着他坐下，边吃边谈，很风趣地讲述了如何把两条国民党特务的尾巴甩掉的经过。他熟悉北四川路（今四川北路）一带的饮食商店。他从一家饭馆的前门进去，后门出来。后门的弄堂两头各通一条马路。他是从另一头出来，跳上三轮车，赶到我们聚餐的地点的。大家听了议论纷纷。当时坐在储安平左侧的叶老，就很冷静地分析三点：一是“特务盯梢”肯定不自今日始，一定是早已跟踪了，可能自己还不觉得；二是他们跟踪的目的，不是要立刻动手暗害，而是要清查“同党”，等待时机，一网打尽；三是既已成为“盯梢”的目标，家庭的住处也一定被监视了，希望今晚不要回家，另找住处，而且今后最好也不要回去。

储安平听了叶老的话，再也没有回家。

1948年12月25日，当《观察》周刊出版第五卷第18期的时候，国民党特务终于下毒手，封了周刊社的门，逮捕了社里的工作人员，把已经发行出去的《观察》第五卷第18期，从街头的报摊上没收了。一位潜逃出来的编辑悄悄地到我工作的书店来看我，告诉我被查封的经过。因为我在这最后一期里写了一篇歌颂解放区劳动妇女当家做主的小说《人像》，他从怀里取出两本，送给了我，还带着歉意似的说：

“稿费再不能付了。”

我非常激动：

“别这么说！——我又不是为了稿费写的。”

接着我问他现在打算怎么办。他迟疑了一会儿，看看四周没有人，便小声地告诉我说：

“跟储先生一起走，离开上海。”

原来他已经跟储安平联系上了。

事后获悉：被逮捕的那位同志，后来竟被国民党特务杀害了，而储安平听了叶老的话，终于离开了上海，平安地到达了已经解放了的北平城。

此后叶老也离开了上海，转道香港前往北平。

1958年，由于众所周知的原因，我也离开了上海，但是我没有去北京，而是来到青海的一个山沟里。21年过去了，在我消磨了整个壮年时期以后，党的十一届三中全会的光辉终于照耀到我的身上，使我获得了新生，得到了平反和改正。21年来，我总是过着挨整和被人嫉视的生活。人们看见我，就像看见一个麻风病人一样，不敢接近我。在和别人一起走路的时候，熟识的人们也总是对我视而不见，他们点头或招呼的，是和我一起走路的人，而决不包括走在他旁边的我。长期来我当基建仓库的保管员、拉运砖沙的押运员、司机招待员。一座座楼舍建成了，可是那些阶级斗争挂帅的“首长”，总是把新建的住房分配给不搞基建的干部住，让搞基建的我一直住在远离工作地点的喇嘛寺里，和喇嘛住在一起，连喝一口水，也得从几丈深的井里，使用全身的力气吊起来，然后凭借自己的双肩，担到几丈高的崖岸上。多么艰难的生活呀，多么卑微的人生！而正是这种长期来的自卑感，统治了我的思想，使我在平反改正以后，仍然满腔踌躇，不敢也不愿把我自己的遭遇告诉别人，特别是一些文艺界的老前辈。“他们早已把我忘记了，我又何必去打扰他们呢”，我常常这么想。1980 年，由于我任教的大学校长要我编一个语文刊物，这才促使我鼓足勇气，尝试写了一封给叶老的信，询问他有关语文教学方面的问题，同时倾诉了我多年来的遭遇。从 1948 年 12 月到 1980 年 6 月，整整 32 年过去了，叶老还能记得我吗？我有些疑虑，甚至有些忐忑不安。我在写给他的信里，一开头就提出，不知道还记不记得我。

“我还记得您。”

叶老回信的第一句话就是这么说的。

这是一句多么亲切而热情的话语呀！它温暖了我的心，鼓舞了我生命的活力！

自从我来到青海高原的二十多年，早已和文学告别，更从来不敢存在有谁还会记得我的奢望，更不要说像叶老那样文艺界的老前辈还会记得我。叶老不仅亲笔复了我的信，而且还不顾割除胆结石后体力不济、视力极度衰退的实际困难，写了五百多字的几页长信，并安慰我：“读所叙种种，不胜叹惋，幸噩梦已过，尊怀旷达，殊为欣慰。”

这是一位敦厚的长者发自肺腑的声音。

而正是在叶老的鼓舞下，我又重新走上了涂写文艺习作的文学道路。

应该说：丏翁和叶老，都是在我十分关键的时刻——在我长期失业，开始翻译遇到困难而十分苦恼的时候，在我从一个噩梦醒来还不知道应该怎样走的时候，亲切而热情地指点了我，鼓舞了我，使我思想上豁然开朗，进入一个新的境界。

他们都是我文学道路上的引路人。

（选自《丏翁与叶老》，载于《先生归来兮：夏丏尊，用心教育用爱感化》，夏丏尊、姜丹书等著，中国文史出版社 2020 年版，有删节）

孤岛时期的夏丏尊

夏弘福[*]

1932年1月28日，淞沪抗战发生，夏先生和朋友们在江湾创办的立达学园遭到日寇轰炸，几乎全部被毁。他在《钢铁假山》一文中，描述了江湾立达学园在战后满目凄凉的情景。夏先生从瓦砾场上捡了一块重约一斤的弹片，因为它有些部分像峭壁，有些部分像危岩，于是把它当作“假山”放在案头，为的是让后人记住这“叫人发指”的“带着血腥”的侵略“铁证”。

隔了五年半，1937年8月13日，上海战事又起，夏先生任职的开明书店经理部和编辑部被大炮轰毁，夏丏尊一家从虹口区的麦加里迁居到当时是法租界的霞飞坊（今淮海坊）3号，除了随身带上的一点衣服，此外一无所有，全家六口挤在楼下的一间客堂里，从此开始了艰难的岁月。开明书店经济周转困难，不能按月支薪，夏先生生活来源失去了保证。加上次子龙文多年失业，全家人的生活重担都压在他一人的肩上。他曾一度在南屏女中兼任国文教员。有时还要靠借债度日。

通过现存的抗战时期夏先生给亲友的一些信札，我们可略见当时他家生活状况的一斑。他的次子龙文经八年失业后，托人在宁波找到了一个糊口的小差使。夏先生在给他的信中多次写道：“唯生活威胁日重，米价已涨至千四百元矣。……物价日日暴涨，不知如何生活得下去。”在一年后的一封信中又写道：

---

* 夏弘福：夏丏尊孙女，北京师范大学三附中语文教师。从小长在上海，六岁前一直和夏丏尊一起生活，直到夏丏尊因病去世。

“上海米价二万元以上，香烟抽不起，最好戒绝。”1941 年 11 月的一封信中写道：“沪寓开支较大，薪水所入不够半数，现已戒酒。又接得翻译佛经生意，夜间工作至十二时就寝，预计如此苦干，当能过去。”在这种情况下夏先生的身体渐渐衰弱了。1940 年 11 月 15 日夜半，他在给学生兼好友丰子恺的信中也写道：“浙东不通如故，欲归不得，在上海也恐活不下去……烟已吸至平常不吸之劣牌子……”在现存的信札中，我们还看到有一封短信，是他当年写给一位小学校长庆森先生的，其内容是：“新学期开始，小孩学费又成问题，希望小孙夏弘正学杂费仍予减半缴纳。今令小媳去校面恳。”当了二十年的教育家，他的孙子在当时竟上不起小学，更不用说处于社会更底层的广大劳动人民了。

在国家民族生死存亡的关键时刻，夏先生虽然生活如此困苦，但是始终坚持爱国的立场。早在 1936 年，他在中国文艺家协会的成立大会上被推为主席，这个协会的宗旨是要求作家形成抗日统一战线，为民族解放运动共同努力。“八一三”战争爆发，上海文化界救亡协会机关报《救亡日报》在上海创刊，夏先生是编委之一。他积极参加救亡运动，宣传抗日主张。他的朋友大多分赴重庆、桂林、昆明等地，坚持抗日救国活动。上海成了孤岛，他因为身体状况不佳及家庭拖累没有离沪，留在上海。在八年抗战最艰苦的日子里，他团结了大批正直的文化工作者、教育家、科学家，坚持了孤岛时期的抗日运动。1943 年 12 月 15 日深夜，夏丏尊被日本宪兵司令部捕去。日寇出示中国文艺家协会主张抗日的宣言，据以问罪，并想利用夏先生的名望为他们办事。夏先生正气凛然，给以义正词严的驳斥。后来由好友内山完造营救，夏先生才得以获释。但经此磨难，他肺病复发，身体更趋衰弱。

夏先生早年留学日本，他对日本的文化、艺术、民间风习，有广泛的爱好和较高的鉴赏力。他在《日本的障子》一文中就较详尽地谈到了这方面的见地。在他的译著中，有不少是日本进步作家的作品，他所译的欧美文学作品，也从日译本转译而来。1945 年 1 月 13 日，日本友人内山完造夫人内山美喜子去世，葬于上海。她病重时，夏先生曾前去探视，她去世后还为之撰写碑文。夏先生对日本人民及其文化怀有深厚的感情。但他对万恶的日本侵略者是深恶痛绝的，在严峻的考验中，他坚守气节，表现了一个正直的知识分子所具有的爱憎分明的高贵品质。

1945 年 8 月抗战胜利了，但是胜利果实被国民党反动派窃取了，人民刚刚盼到的希望又变为失望。此时夏丏尊先生对时局感到更深的忧愤。1946 年 4 月 22 日，在他生命垂危的时刻，亲家叶圣陶先生去看望他，这也是他俩的最后一次见面，当时夏先生已无力翻身，说话也已困难，他对叶先生费力地说："胜利！到底啥人胜利——无从谈起。"简短的话语，凝铸了他的悲哀和愤怒，这也正是对国民党反动派种种倒行逆施罪恶的声讨。夏先生直至生命的最后时刻，还在为国家的前途和民族的命运担忧。

（载于《先生归来兮：夏丏尊，用心教育用爱感化》，夏丏尊、姜丹书等著，中国文史出版社 2020 年版，有删节）

悼夏丏尊先生

郑振铎

夏丏尊先生（1886—1946）死了，我们再也听不到他的叹息，他的悲愤的语声了；但静静地想着时，我们仿佛还都听见他的叹息，他的悲愤的语声。

他住在沦陷区里，生活紧张而困苦，没有一天不在愁叹着。是悲天？是悯人？

胜利到来的时候，他曾经很天真地高兴了几天。我们相见时，大家都说道：“好了，好了！”各个人的脸上似乎都泯没了愁闷，耀着一层光彩。他也同样地说道：“好了，好了！”

然而很快地，便又陷入愁闷之中。他比我们敏感，他似乎失望、愁闷得更迅快些。

他曾经很高兴地写过几篇文章，提出些正面的主张出来。但过了一会，便又沉默下去，一半是为了身体逐渐衰弱的关系。

他是一个自由主义者，反对一切的压迫和统制。他最富于正义感。看不惯一切的腐败、贪污的现象。他自己曾经说道：“自恨自己怯弱，没有直视苦难的能力，却又具有着对于苦难的敏感。”又道：“记得自己幼时，逢大雷雨躲入床内；得知家里要杀鸡就立刻逃避；看戏时遇到《翠屏山》《杀嫂》等戏，要当场出彩，预先俯下头去，以及妻每次产时，不敢走入产房，只在别室中闷闷地听着妻的呻吟声，默祷她安全的光景。”（均见《平屋杂文》）这便是他的性格。他表面上很恬淡，其实，心是热的；他仿佛无所褒贬，其实，心里是泾渭分得极清的。在他淡淡的谈话里，往往包含着深刻的意义。他反对中国人传统的调和与折衷的心理。他常常说，自己是一个早衰者，不仅在身体上，在精神上也是如此。他有一篇《中年人的寂寞》：

“我已是一个中年的人。一到中年，就有许多不愉快的现象，眼睛昏花了，记忆力减退了，头发开始秃脱而且变白了，意兴、体力什么都不如年青的时候，常不禁会感觉得难以名言的寂寞的情味。尤其觉得难堪的是知友的逐渐减少和疏远，缺乏交际上的温暖的慰藉。”在《早老者的忏悔》里，他又说道：

“我今年五十，在朋友中原比较老大。可是自己觉得体力减退，已好多年了。三十五六岁以后，我就感到身体一年不如一年，工作起不得劲，只得是恹恹地勉强挨，几乎无时不觉到疲劳，甚么都觉得厌倦，这情形一直到如今。十年以前，我还只四十岁，不知道我年龄的，都以我是五十岁光景的人，近来居然有许多人叫我‘老先生’。论年龄，五十岁的人应该还大有可为，古今中外，尽有活到了七十八十，元气很盛的。可是我却已经老了，而且早已老了。”

这是他的悲哀，但他并不因此而消极，正和他的不因寂寞而厌世一样。他常常愤慨，常常叹息，常常悲愁。他的愤慨、叹息、悲愁，正是他的入世处。他爱世、爱人，尤爱“执着”的有所为的人，和狷介的有所不为的人，他爱年轻人；他讨厌权威，讨厌做作、虚伪的人。他没有机心，表里如一。他藏不住话，有什么便说什么，所以大家都称他“老孩子”。他的天真无邪之处，的确够得上称为一个“孩子”的。

他从来不提防什么人。他爱护一切的朋友，常常担心他们的安全与困苦。我在抗战时逃避在外，他见了面，便问道：“没有什么么？”我在卖书过活，他又异常关切地问道：“不太穷困么？卖掉了可以过一个时期吧。”

“又要卖书了么？”他见我在抄书目时问道。

我点点头，向来不作乞怜相，装作满不在乎的神气，有点倔强，也有点傲然，但见到他的皱着眉头，同情的叹气时，我几乎也要叹出气来。

他很远地挤上了电车到办公的地方来，从来不肯坐头等，总是挤在拖车里。我告诉他，拖车太颠太挤，何妨坐头等，他总是不改变态度，天天挤，挤不上，再等下一部。有时等了好几部还挤不上。到了办公的地方，总是叹了一口气后才坐下。

“丏翁老了。”朋友们在背后都这么说。我们有点替他发愁，看他显著地一天天地衰老下去。他的营养是那么坏，家里的饭菜不好，吃米饭的时候很少；到了办公的地方时，也只是以一块面包当作午餐。那时候，我们也都吃着烘山芋、面包、小馒头或羌饼之类作午餐，但总想有点牛肉、鸡蛋之类伴着吃，他却从来没有过；偶然是涂些果酱上去，已经算是很奢侈了。我们有时高兴上小酒馆去喝酒，去邀他，他总是不去。

在沦陷时代，他曾经被敌人的宪兵捉去过。据说，有他的照相，也有关于他的记录。他在宪兵队里，虽没有被打、上电刑或灌水之类，但睡在水门汀上，吃着冷饭，他的身体因此益发坏下去。敌人们大概也为他的天真而恳挚的态度所感动吧，后来，对待他很不坏，比别人自由些，只有半个月便被放了出来。

他说，日本宪兵曾经问起了我：“你有见到郑某某吗？”他撒了谎，说道：“好久好久不见到他了。”其实，在那时期，我们差不多天天见到的。他是那么爱护着他的朋友！

他回家后，显得更憔悴了。不久，便病倒。我们见到他，他也只是叹气，慢吞吞地说着经过。并不因自己的不幸的遭遇而特别觉得愤怒。他永远是悲天悯人的——连他自己也在内。

在晚年，他有时觉得很起劲，为开明书店计划着出版辞典，同时发愿要译《南藏》。他担任的是《佛本生经》（*Jataka*）的翻译，已经译成了若干，有一本仿佛已经出版了。我有一部英译本的*Jataka*，他要借去做参考，我答应了他，可惜我不能回家，托人去找，遍找不到。等到我能够回家，而且找到*Jataka*时，他已经用不到这部书了。我见到它，心里便觉得很难过，仿佛做了一件不可补偿的事。

他很耿直，虽然表面上是很随和。他所厌恨的事，隔了多少年，也还不曾忘记。有一次，在一个宴会上遇到了一个他在杭州第一师范学校教书时代的浙江教育厅长，他便有点不耐烦，叨叨地说着从前的故事。我们都觉得窘，但他却一点也不觉得。

他是爱憎分明的！

他从事于教育很久，多半在中学里教书。他的对待学生们从来不采取严肃的督责的态度。他只是恳挚地诱导着他们。

> ……我入学之后，常听到同学们谈起夏先生的故事，其中有一则我记得最牢，感动得最深的，是说夏先生最初在一师兼任舍监的时候，有些不好的同学，晚上熄灯，点名之后，偷出校门，在外面荒唐到深夜才回来。夏先生查到之后，并不加任何责罚，只是恳切地劝导。如果一次两次仍不见效，于是夏先生第三次就守候着他，无论怎样夜深都守候着他，守候着了，夏先生对他仍旧不加任何责罚，只是苦口婆心，更加恳切地劝导他，一次不成，二次，二次不成，三次……总要使得犯过者真心悔过，彻底觉悟而后已。
>
> ——许志行《不堪回首悼先生》

他是上海立达学园的创办人之一，立达的几位教师对于学生们所应用的也全是这种恳挚的感化的态度。他在国立暨南大学做过国文系主任，因为不能和学校当局意见相同，不久，便辞职不干。此后，便一直过着编译的生活，有时，也教教中学。学生们对于他，印象都非常深刻，都敬爱着他。

他对于语文教学，有湛深的研究。他和刘薰宇合编过一本《文章作法》，和叶绍钧合编过《文章讲话》《阅读与写作》及《文心》，也像做国文教师时的样子，细心而恳切地谈着作文的心诀。他自己作文很小心，一字不肯苟且；阅读别人的文章时，也很小心，很慎重，一字不肯放过。从前《中学生》杂志有过“文章病院”一栏，批评着时人的文章，有发必中，便是他在那里主持着的。他自己也动笔写了几篇东西。

古人说“文如其人”。我们读他的文章，确有此感。我很喜欢他的散文，每每劝他编成集子。《平屋杂文》一本，便是他的第一个散文集子。他毫不做作，只是淡淡地写来，但是骨子里很丰腴。虽然是很短的一篇文章，不署名的，读了后，也猜得出是他写的。在那里，言之有物，是那么深切地混和着他自己的思想和态度。

他的风格是朴素的，正和他为人的朴素一样。他并不堆砌，只是平平地说着他自己所要说的话。然而，没有一句多余的话，不诚实的话，字斟句酌，决不急就。在文章上讲，是“盛水不漏”，无懈可击的。

他的身体是病态的胖肥，但到了最后的半年，显得瘦了，气色很灰暗。营养不良，恐怕是他致病的最大原因。心境的忧郁，也有一部分的因素在内。友人们都说他“一肚皮不合时宜”。在这样一团糟的情形之下，“合时宜”的都是些何等人物，可想而知。怎能怪丏尊的牢骚太多呢！

想到这里，便仿佛听见他的叹息，他的悲愤的语声在耳边响着。他的忧郁的脸、病态的身体，仿佛还在我们的眼前出现。然而他是去了！永远地去了，那悲天悯人的语调是再也听不到了！

如今是，那么需要由叹息、悲愤里站起来干的人，他如不死，可能会站起来干的。这是超出于友情以外的一个更大的损失。

（载于《北平》，郑振铎著，江苏凤凰文艺出版社 2018 年版）

第八章
速写众生相

半农的浅

鲁　迅

这是小峰出给我的一个题目。

这题目并不出得过分。半农去世，我是应该哀悼的，因为他也是我的老朋友。但是，这是十来年前的话了，现在呢，可难说得很。

我已经忘记了怎么和他初次会面，以及他怎么能到了北京。他到北京，恐怕是在《新青年》投稿之后，由蔡孑民先生或陈独秀先生去请来的，到了之后，当然更是《新青年》里的一个战士。他活泼，勇敢，很打了几次大仗。譬如罢，答王敬轩的双簧信，“她”字和“牠”字的创造，就都是的。这两件，现在看起来，自然是琐屑得很，但那是十多年前，单是提倡新式标点，就会有一大群人“若丧考妣”，恨不得“食肉寝皮”的时候，所以的确是“大仗”。现在的二十左右的青年，大约很少有人知道三十年前，单是剪下辫子就会坐牢或杀头的了。然而这曾经是事实。

但半农的活泼，有时颇近于草率，勇敢也有失之无谋的地方。但是，要商量袭击敌人的时候，他还是好伙伴，进行之际，心口并不相应，或者暗暗地给你一刀，他是绝不会的。倘若失了算，那是因为没有算好的缘故。

《新青年》每出一期，就开一次编辑会，商定下一期的稿件。其时最惹我注意的是陈独秀和胡适之。假如将韬略比作一间仓库罢，独秀先生的是外面竖一面大旗，大书道：“内皆武器，来者小心！”但那门却开着的，里面有几支枪，几把刀，一目了然，用不着提防。适之先生的是紧紧地关着门，门上粘一条小纸条道：“内无武器，请勿疑虑。”这自然可以是真的，但有些人——至少是我这样的人——有时总不免要侧着头想一想。半农却是令人不觉其有“武库”的一个人，所以我佩服陈胡，却亲近半农。

所谓亲近，不过是多谈闲天，一多谈，就露出了缺点。几乎有一年多，他没有消失掉从上海带来的才子必有“红袖添香夜读书”的艳福的思想，好容易才给我们骂掉了。但他好像到处都这么地乱说，使有些学者皱眉。有时候，连到《新青年》投稿都被排斥。他很勇于写稿，但试去看旧报去，很有几期是没有他的。那些人们批评他的为人是浅。

不错，半农确是浅。但他的浅，却如一条清溪，澄澈见底，纵有多少沉渣和腐草，也不掩其大体的清。倘使装的是烂泥，一时就看不出它的深浅来了；如果是烂泥的深渊呢，那就更不如浅一点的好。

但这些背后的批评，大约是很伤了半农的心的，他的到法国留学，我疑心大半是为此。我最懒于通信，从此我们就疏远起来了。他回来时，我才知道他在外国钞古书，后来也要标点《何典》，我那时还以老朋友自居，在序文上说了几句老实话，事后，才知道半农颇不高兴了，“驷不及舌”，也没有法子。另外还有一回关于《语丝》的彼此心照的不快活。五六年前，曾在上海的宴会上见过一回面，那时候，我们几乎已经无话可谈了。

（选自《忆刘半农君》，载于《怀鲁迅 我所见的叶圣陶》，郁达夫、朱自清等著，人民文学出版社 2017 年版，题目为编者加）

我们是孤竹君之二子

郭沫若*

在创造社的初期达夫是起了很大的作用的。他的清新的笔调，在中国的枯槁的社会里面好像吹来了一股春风，立刻吹醒了当时的无数青年的心。他那大胆的自我暴露，对于深藏在千年万年的背甲里面的士大夫的虚伪，完全是一种暴风雨式的闪击，把一些假道学、假才子们震惊得至于狂怒了。为什么？就因为有这样露骨的真率，使他们感受着假的困难。于是徐志摩“诗哲”们便开始痛骂了。他说，创造社的人就和街头的乞丐一样，故意在自己身上造些血脓糜烂的创伤来吸引过路人的同情。这主要就是在攻击达夫。

达夫在暴露自我这一方面虽然非常勇敢，但他在迎接外来的攻击上却非常脆弱。他的神经是太纤细了。在初期创造社他是受攻击的一个主要对象。他很感觉着孤独，有时甚至伤心。记得是1921年的夏天，我们在上海同住。

* 郭沫若（1892—1978），原名开贞，中国新诗的奠基人之一，中国历史剧的开创者之一，古文字学家，考古学家，社会活动家，甲骨学四堂之一，第一届中央研究院院士。1926年参加北伐，1927年参加南昌起义，1928年2月因被国民党政府通缉，流亡日本，著有《中国古代社会研究》《甲骨文字研究》等学术著作。1937年抗日战争爆发后回国，任军事委员会政治部第三厅厅长，团结进步文化人士从事抗日救亡运动。1946年后站在民主运动前列，成为国民党统治区文化界的革命旗帜。新中国成立后，当选中华全国文学艺术界联合会主席，1958年9月至1978年6月任中国科技大学首任校长。主编作品有《中国史稿》和《甲骨文合集》，全部作品编成《郭沫若全集》38卷。

有一天晚上我们同到四马路的泰东书局去，顺便问了一下在5月1号出版的《创造季刊》创刊号的销路怎样。书局经理很冷淡地答应我们："二千本书只销掉一千五。"我们那时共同生出了无限的伤感，立即由书局退出，在四马路上接连饮了三家酒店，在最后一家，酒瓶摆满了一个方桌。但也并没有醉到泥烂的程度。在月光下边，两人手牵着手走回哈同路的民厚南里。在那平滑如砥的静安寺路上，时有兜风汽车飞驰而过。达夫曾突然跑向街心，向着一辆飞来的汽车，以手指比成手枪的形式，大呼着："我要枪毙你们这些资本家！"

当时在我，我是感觉着："我们是孤竹君之二子。"

胡适攻击达夫的一次，使达夫最感着沉痛。那是因为达夫指责了余家菊的误译，胡适帮忙误译者对于我们放了一次冷箭。当时我们对于胡适倒并没有什么恶感。我们是"异军苍头突起"，对于当时旧社会毫不妥协，而对于新起的不负责任的人们也不惜严厉地批评，我们万没有想到以"开路先锋"自命的胡适竟然出以最不公平的态度而向我们侧击。这事在胡适自己似乎也在后悔，他自认为轻易地树下了一批敌人。[1] 但经他这一激刺，倒也值得感谢，使达夫产生了一篇名贵一时的历史小说，即以黄仲则为题材的《采石矶》。这篇东西的出现，使得那位轻敌的"开路先锋"也确切地感觉到自己的冒昧了。

胡适在启蒙时期有过些作用，我们并不否认。但因出名过早，而膺誉过隆，使得他生出了一种过分的自负心，这也是无可否认的实情。他在文献的考证上下过一些功夫，但要说到文学创作上来，他始终是门外汉。然而他的门户之见却是很森严的，他对创造社从来不曾有过好感。对于达夫，他们

---

[1] 他后来曾经写过一封信来，向我缓和，似道歉而又非道歉的。——郭沫若注

后来虽然也成为了“朋友”，但在我们第三者看来，也不像有过什么深切的友谊。

我在 1920 年一度回到上海之后，感觉着自己的力薄，文学创作的时机并未成熟，便把达夫拉回来代替了我，而我又各自去搞医学了。医学搞毕业是 1923 年春，回到上海和达夫、仿吾同住。仿吾是从湖南东下，达夫是从安庆的法政学校解了职回来。当时我们都是无业的人，集中在上海倒也热闹地干了一个时期。《创造季刊》之后，继以《创造周报》《创造日》，还出了些丛书，情形和两年前大不相同了，但生活却是窘到万分。

（选自《论郁达夫》，载于《怀鲁迅 我所见的叶圣陶》，郁达夫、朱自清等著，人民文学出版社 2017 年版，题目为编者加）

一多的气质是刚性的

吴晗

一多的气质是刚性的，肚子里有什么，嘴里说什么，从来藏不住话，而且，受不了气。在乡下住，明白了农民的苦痛，他会气得说不出话。谈到政治上的种种，越谈越多，他会一晚睡不着，辗转反侧到天亮。朋友间一言不合，非得当场吵架，眼睛都红了，口吐白沫。等到误会消释以后，又会握手言欢，自动赔不是。

这两年，经过磨炼太多的忧患，真到了炉火纯青的地步。即使在极不快意的时候，对任何一个来访的朋友，温言悦色，从无倦容。并且，他还有一套说服人的本领，左说右说，连求带劝，一直说到对手同意方甘休。

我和他都有怕开会的毛病，我永远不长进，直到此刻还如此。可是一多，他一天一天在进步，努力克服自己的小资产阶级劣根性，应到会无有不出席的，而且，也无不终场。

在宿舍三十三家中，一多夫人说我们两家最穷。有时早晨菜钱无办法，彼此通融，一千二千来回转。

五个孩子带一个老女佣，八口之家，每月薪水只够用十天。

两年前他学会了刻图章。

这故事包含了血和泪。

他研究古文字学，从龟甲文到金石文，都下过功夫。有一天朋友谈起为什么不学这一行手艺。他立刻买一把刻字刀下乡，先拿石头试刻，居然行，再刻象牙，云南是流行象牙章的，刻第一个牙章的时候，费了一整天，右手食指被磨烂，几次灰心、绝望，还是咬着牙干下去，居然刻成了。他说这话时，隔了两年了，还含着泪。

以后他就靠这行手艺吃饭，今天有图章保证明天有饭吃。

图章来得很少的时候，他着急，为了要挨饿。

图章来得很多的时候，更着急，为的是耽误他的工作。

联大分校了，清华复员了，可是他不能走。第一，为了昆明的民主工作需要他主持。第二，为了吃饭，在道路上的几个月中没有图章生意活不了。虽然迟早不免一走，多挨一天到底好一天。第三，一家八口有钱尚且困难，一个穷教授，也根本走不了。

这样，他继续留在昆明，被暗杀在昆明。

一多，我也学你的话，“你是不会死的，你是永远不会死的”！

（选自《哭一多》，载于《怀鲁迅 我所见的叶圣陶》，郁达夫、朱自清等著，人民文学出版社 2017 年版，题目为编者加）

弘一法师之出家

夏丏尊

今年旧历九月二十日，是弘一法师满 60 岁诞辰。佛学书局因为我是他的老友，嘱写些文字以为纪念，我就把他出家的经过加以追叙。他是 39 岁那年夏间披剃的，到现在已整整做了 21 年的僧侣。我这里所述的，也都是 21 年前的旧事。

说起来也许会教大家不相信，弘一法师的出家可以说和我有关，没有我，也许不至于出家。关于这层，弘一法师自己也承认。有一次，记得是他出家二三年后的事，他要到新城掩关去了，杭州知友们在银洞巷虎跑寺下院替他饯行，有白衣，有僧人。斋后，他在座间指了我向大家道：

"我的出家，大半由于这位夏居士的助缘。此恩永不能忘！"

我听了不禁面红耳赤，惭悚无以自容。因为一、我当时自己尚无信仰，以为出家是不幸的事情，至少是受苦的事情。弘一法师出家以后即修种种苦行，我见了常不忍。二、他因我之助缘而出家修行去了，我却竖不起肩膀，仍浮沉在醉生梦死的凡俗之中。所以深深地感到对于他的责任，很是难过。

我和弘一法师（俗姓李，名字屡易，为世熟知者名曰息，字曰叔同）相识，是在杭州浙江两级师范学校（后改名浙江第一师范学校）任教的时候。这个学校有一个特别的地方，不轻易更换教职员。我前后担任了十三年，他担任了七年。在这七年中，我们晨夕一堂，相处得很好，他比我长六岁。当时我们已是三十左右的人了，少年名士气息忏除将尽，想在教育上做些实际功夫。我担任舍监职务，兼教修身课，时时感觉对于学生感化力不足。他教的是图画音乐二科，这两种科目，在他未来以前是学生所忽视的，自他任教以后就忽然被重视起来，几乎把全校学生的注意力都牵引过去了。课余但闻琴声歌声，假日常见学生出外写生，这原因一半当然是他对于这二科实力充足，一半也由于他的感化力大。只要提起他的名字，全校师生以及工役没有人不起敬的。他的力量全由诚敬中发出，我只好佩服他，不能学他。举一个实例来说，有一次，寄宿舍里有学生失少了财物，大家猜测是某一个学生偷的，检查起来却没有得到证据。我身为舍监，深觉惭愧苦闷，向他求教。他所指教我的方法说也怕人，教我自杀！说：

“你肯自杀吗？你若出一张布告，说做贼者速来自首。如三日内无自首者，足见舍监诚信未孚，誓一死以殉教育。果能这样，一定可以感动人，一定会有人来自首。——这话须说得诚实，三日后如没有人自首，真非自杀不可。否则便无效力。”

这话在一般人看来是过分之辞，他提出来的时候却是真心的流露，并无虚伪之意。我自愧不能照行，向他笑谢，他当然也不责备我。我们那时颇有些道学气，俨然以教育者自任，一方面又痛感到自己力量的不够。可是所想努力的，还是儒家式的修养，至于宗教方面简直毫不关心的。

有一次，我从一本日本的杂志上见到一篇关于断食的文章，说断食是身心“更新”的修养方法，自古宗教上的伟人，如释迦，如耶稣，都曾断过食。断食能使人除旧换新，收去恶德，生出伟大的精神力量。并且还列举实行的方法及应注意的事项，又介绍了一本专讲断食的参考书。我对于这篇文章很有兴味，便和他谈及，他就好奇地向我要了杂志去看。以后我们也常谈到这事，彼此都有“有机会时最好把断食来试试”的话，可是并没有作过具体的决定，至少在我自己是说过就算了的。约莫经过了一年，他竟独自去实行断食了。这是他出家前一年阳历年假的事。他有家眷在上海，平日每月回上海二次，年假暑假当然都回上海的。阳历年假只十天，放假以后我也就回家去了，总以为他仍照例回到上海了。假满返校，不见到他，过了两个星期他才回来，据说假期中没有回上海，在虎跑寺断食。我问他："为什么不告诉我？"他笑说："你是能说不能行的。并且这事预先教别人知道也不好，旁人大惊小怪起来，容易发生波折。"他的断食共三星期：第一星期逐渐减食至尽，第二星期除水以外完全不食，第三星期起由粥汤逐渐增加至常量。据说经过很顺利，不但并无苦痛，而且身心反觉轻快，有飘飘欲仙之像。他平日是每日早晨写字的，在断食期间仍以写字为常课，三星期所写的字有魏碑，有篆文，有隶书，笔力比平日并不减弱。他说断食时心比平时灵敏，颇有文思，恐出毛病，终于不敢作文，他断食以后食量大增，且能吃整块的肉（平日虽不茹素，不多食肥腻肉类）。自己觉得脱胎换骨过了，用老子"能婴儿乎"之意改李婴，依然教课，依然替人写字，并没有什么和前不同的情形。据我知道，这时他还只看些宋元人的理学书和道家的书类，佛学尚未谈到。

转瞬阴历年假到了，大家又离校。哪知他不回上海，又到虎跑寺去了。因为他在那里住过三星期，喜其地方清静，所以又到那里去过年。他的皈依三宝，可以说由这时候开始的。据说，他自虎跑寺断食回来，曾去访过马一浮先生，说虎跑寺如何清静，僧人招待如何殷勤。阴历新年，马先生有一个朋友彭先生求马先生介绍一个幽静的寓处，马先生忆起弘一法师前几天曾提起虎跑寺，就把这位彭先生陪送到虎跑寺去住。恰好弘一法师正在那里，经马先生之介绍就认识了这位彭先生。同住了不多几天，到正月初八日，彭先生忽然发心出家了，由虎跑寺当家为他剃度。弘一法师目击当时的一切，大大感动，可是还不就想出家，仅皈依三宝，拜老和尚了悟法师为皈依师。演音的名，弘一的号，就是那时取定的。假期满后仍回到学校里来。

从此以后，他茹素了，有念珠了，看佛经了，室中供佛像了。宋元理学书偶然仍看，道家书似已疏远。他对我说明一切经过及未来志愿，说出家有种种难处，以后打算暂以居士资格修行，在虎跑寺寄住，暑假后不再担任教师职务。我当时非常难堪，平素所敬爱的这样的好友将弃我遁入空门去了，不胜寂寞之感。在这七年之中，他想离开杭州一师有三四次之多，有时是因为对于学校当局有不快，有时是因为别处来请他，他几次要走，都是经我苦劝而作罢的。甚至于有一个时期，南京高师苦苦求他任课，他已接受聘书了，因我恳留他，他不忍拂我之意，于是杭州南京两处跑，一个月中要坐夜车奔波好几次。他的爱我，可谓已超出寻常友谊之外，眼看这样的好友因信仰的变化要离我而去，而且信仰上的事不比寻常名利关系，可以迁就。料想这次恐已无法留得他住，深悔从前不该留他。他若早离开杭州，也许不会遇到这样复杂的因缘的。暑假渐近，我的苦闷也愈加甚。他虽常用佛法好言安慰我，我总熬不住苦闷。有一次，我对他说过这样的一番狂言：

“这样做居士究竟不彻底。索性做了和尚，倒爽快！”

我这话原是愤激之谈，因为心里难过得熬不住了，不觉脱口而出。说出以后，自己也就后悔！他却是仍是笑颜对我，毫不介意。

暑假到了，他把一切书籍字画衣服等等分赠朋友学生及校工们——我所得到的是他历年所写的字，他所有折扇及金表等——自己带到虎跑寺去的只是些布衣及几件日常用品。我送他出校门，他不许再送了，约期后会，黯然而别。暑假后，我就想去看他，忽然我父亲病了，到半个月以后才到虎跑寺去。相见时我吃了一惊，他已剃去短须，头皮光光，着起海青，赫然是个和尚了！他笑说：“昨天受剃度的。日子很好，恰巧是大势至菩萨生日。”

“不是说暂时做居士，在这里住住修行，不出家的吗？”我问。

“这也是你的意思，你说索性做了和尚……”

我无话可说，心中真是感慨万分。他问过我父亲的病况，留我小坐，说要写一幅字叫我带回去，作他出家的纪念。他回进房去写字，半小时后才出来，写的是《楞严经》大势至念佛网通章，且加跋语，详记当时因缘，末有“愿他年同生安养共圆种智”的话。临别时我和他作约，尽力护法，吃素一年。他含笑点头，念一句“阿弥陀佛”。

自从他出家以后，我已不敢再谤毁佛法，可是对于佛法见闻不多，对于他的出家，最初总由俗人的见地，感到一种责任。以为如果我不苦留他在杭州，如果我不提出断食的话头，也许不会有虎跑寺、马先生彭先生等因缘，他不会出家。如果最后我不因惜别而发狂言，他即使要出家，也许不会那么快速。我一向为这责任之感所苦，尤其在见到他作苦修行或听到他有疾病的时候。近几年以来，我因他的督励，也常亲近佛典，略识因缘之不可思议，知道像他那样的人，是于过去无量劫种了善根的。他的出家，他的弘法度生，都是夙愿使然，而且都是稀有的福德，正应代他欢喜，代众生欢喜，觉得以前的对他不安，对他负责任，不但是自寻烦恼，而且是一种僭妄了。

（载于《夏丏尊散文集》，夏丏尊著，北方文艺出版社 2019 年版）

弘一四变

丰子恺

他出身于富裕之家，他的父亲是天津有名的银行家。他是第五位姨太太所生。他父亲生他时，年已七十二岁。他坠地后就遭父丧，又逢家庭之变，青年时就陪了他的生母南迁上海。在上海南洋公学读书奉母时，他是一个翩翩公子。当时上海文坛有著名的沪学会，李先生应沪学会征文，名字屡列第一。从此他就为沪上名人所器重，而交游日广，终以“才子”驰名于当时的上海。所以后来他母亲死了，他赴日本留学的时候，作一首《金缕曲》，词曰：“披发佯狂走。莽中原暮鸦啼彻几株衰柳。破碎河山谁收拾，零落西风依旧。便惹得离人消瘦。行矣临流重太息，说相思刻骨双红豆。愁黯黯，浓于酒。漾情不断淞波留。恨年年絮飘萍泊，遮难回首。二十文章惊海内，毕竟空谈何有！听匣底苍龙狂吼。长夜西风眠不得，度群生那惜心肝剖。是祖国，忍孤负？”读这首词，可想见他当时豪气满胸，爱国热情炽盛。他出家时把过去时的照片统统送我，我曾在照片中看见过当时在上海的他：丝绒帽，正中缀一方白玉，曲襟背心，花缎袍子，后面挂着胖辫子，底下缎带扎脚管，双梁厚底鞋子，头抬得很高，英俊之气，流露于眉目间。真是当时上海一等一的翩翩公子。这是最初表示他的特性：凡事认真。他立意要做翩翩公子，就彻底地做一个翩翩公子。

后来他到日本，看见明治维新的文化，就渴慕西洋文明。他立刻放弃了翩翩公子的态度，改做一个留学生。他入东京美术学校，同时又入音乐学校。这些学校都是模仿西洋的，所教的都是西洋画和西洋音乐。李先生在南洋公学时英文学得很好；到了日本，就买了许多西洋文学书。他出家时曾送我一部残缺的原本《莎士比亚全集》，他对我说："这书我从前细读过，有许多笔记在上面，虽然不全，也是纪念物。"由此可想见他在日本时，对于西洋艺术全面进攻，绘画、音乐、文学、戏剧都研究。后来他在日本创办春柳剧社，纠集留学同志，共演当时西洋著名的悲剧《茶花女》（小仲马著）。他自己把腰束小，扮作茶花女，粉墨登场。这照片，他出家时也送给我，一向归我保藏；直到抗战时为兵火所毁。现在我还记得这照片：卷发，白的上衣，白的长裙拖着地面，腰身小到一把，两手举起托着后头，头向右歪侧，眉峰紧蹙，眼波斜睇，正是茶花女自伤命薄的神情。另外还有许多演剧的照片，不可胜记。这春柳剧社后来迁回中国，李先生就脱出，由另一班人去办，便是中国最初的"话剧"社。由此可以想见，李先生在日本时，是彻头彻尾的一个留学生。我见过他当时的照片：高帽子、硬领、硬袖、燕尾服、史的克、尖头皮鞋，加之长身、高鼻，没有脚的眼镜夹在鼻梁上，竟活像一个西洋人。这是第二次表示他的特性：凡事认真。学一样，像一样。要做留学生，就彻底地做一个留学生。

他回国后，在上海太平洋报社当编辑。不久，就被南京高等师范请去教图画、音乐。后来又应杭州师范之聘，同时兼任两个学校的课，每月中半个月住南京，半个月住杭州。两校都请助教，他不在时由助教代课。我就是杭州师范的学生。这时候，李先生已由留学生变为"教师"。这一变，变得真彻底：漂亮的洋装不穿了，却换上灰色粗布袍子、黑布马褂、布底鞋子，金丝边眼镜也换了黑的钢丝边眼镜。他是一个修养很深的美术家，所以对于仪表很讲究。虽然布衣，却很称身整洁。他穿布衣，全无穷相，而另具一种朴素的美。你可想见，他是扮过茶花女的，身材生得非常窈窕。穿了布衣，仍是一个美男子。"淡妆浓抹总相宜"，这诗句原是描写西子的，但拿来形容我们的李先生的仪表，也很适用。今人侈谈"生活艺术化"，大都好奇立异，非艺术的。李先生的服装，才真可称为生活的艺术化。他一时代的服装，表出这一时代的思想与生活。各时代的思想与生活判然不同，各时代的服装也判然不同。布衣布鞋的李先生，与洋装时代的李先生、曲襟背心时代的李先生，判若三人。这是第三次表示他的特性：认真。

我二年级时，图画归李先生教。他教我们木炭石膏模型写生。同学一向描惯临画，起初无从着手。四十余人中，竟没有一个人描得像样的。后来他范画给我们看，画毕把范画揭在黑板上。同学们大都看着黑板临摹，只有我和少数同学，依他的方法从石膏模型写生。我对于写生，从这时候开始发生兴味。我到此时，恍然大悟：那些粉本原是别人看了实物而写生出来的。我们也应该直接从实物写生入手，何必临摹他人，依样画葫芦呢？于是我的画进步起来。此后李先生与我接近的机会更多。因为我常去请他教画，又教日本文。以后的李先生的生活，我所知道的较为详细。他本来常读性理的书，后来忽然信了道教，案头常常放着道藏。那时我还是一个毛头青年，谈不到宗教。李先生除绘事外，并不对我谈道。但我发现他的生活日渐收敛起来，仿佛一个人就要动身赴远方时的模样。他常把自己不用的东西送给我。他的朋友日本画家大野隆德、河合新藏、三宅克己等到西湖来写生时，他带了我去请他们吃一次饭，以后就把这些日本人交给我，叫我引导他们（我当时已能讲普通应酬的日本话）。他自己就关起房门来研究道学。有一天，他决定入大慈山去断食，我有课事，不能陪去，由校工闻玉陪去。数日之后，我去望他。见他躺在床上，面容消瘦，但精神很好，对我讲话，同平时差不多。他断食共十七日，由闻玉扶起来，摄一个影，影片上端由闻玉题字："李息翁先生断食后之像，侍子闻玉题。"这照片后来制成明信片分送朋友。像的下面用铅字排印着："某年月日，入大慈山断食十七日，身心灵化，欢乐康强——欣欣道人记。"李先生这时候已由"教师"一变而为"道人"了。学道就断食十七日，也是他凡事"认真"的表示。

但他学道的时间很短。断食以后，不久他就学佛。他自己对我说，他的学佛是受马一浮先生指示的。出家前数日，他同我到西湖玉泉去看一位程中和先生。这程先生原来是当军人的，现在退伍，住在玉泉，正想出家为僧。李先生同他谈了很久。此后不久，我陪大野隆德到玉泉去投宿，看见一个和尚坐着，正是这位程先生。我想称他“程先生”，觉得不合，想称他法师，又不知道他的法名（后来知道是弘伞），一时周章得很。我回去对李先生讲了，李先生告诉我，他不久也要出家为僧，就做弘伞的师弟。我愕然不知所对。过了几天，他果然辞职，要去出家。出家的前晚，他叫我和同学叶天瑞、李增庸三人到他的房间里，把房间里所有的东西送给我们三人。第二天，我们三人送他到虎跑。我们回来分得了他的“遗产”，再去望他时，他已光着头皮，穿着僧衣，俨然一位清癯的法师了。我从此改口，称他为“法师”。法师的僧腊二十四年。这二十四年中，我颠沛流离，他一贯到底，而且修行功夫愈进愈深。当初修净土宗，后来又修律宗。律宗是讲究戒律的，一举一动，都有规律，严肃认真至极。这是佛门中最难修的一宗。数百年来，传统断绝，直到弘一法师方才复兴，所以佛门中称他为“重兴南山律宗第十一代祖师”。他的生活非常认真。举一例说：有一次我寄一卷宣纸去，请弘一法师写佛号。宣纸多了些，他就来信问我，余多的宣纸如何处置？又有一次，我寄回件邮票去，多了几分。他把多的几分寄还我。以后我寄纸或邮票，就预先声明：多余的送与法师。有一次他到我家，我请他藤椅子里坐，他把藤椅子轻轻摇动，然后慢慢地坐下去。起先我不敢问，后来看他每次都如此，我就启问。法师回答我说：“这椅子里头，两根藤之间，也许有小虫伏着。突然坐下去，要把它们压死，所以先摇动一下，慢慢地坐下去，好让它们走避。”读者听到这话，也许要笑，但这正是做人极度认真的表示。

如上所述，弘一法师由翩翩公子一变而为留学生，又变而为教师，三变而为道人，四变而为和尚。每做一种人，都做得十分像样。好比全能的优伶：起青衣像个青衣，起老生像个老生，起大面又像个大面……都是认真的缘故。

（选自《怀李叔同先生》，载于《怀鲁迅 我所见的叶圣陶》，郁达夫、朱自清等著，人民文学出版社2017年版，题目为编者加）